10歳から伸ばす国語「解答力」

答えを導き出し正しく伝えるコツがわかる本

田中 力磨 監修

はじめに

ボクは滋賀《しが》県《けん》彦根《ひこね》市《し》で総合学習教室（学習塾《じゅく》）をしています。

生徒たちに聞くと、数学や英語は勉強をするのに、国語の勉強はほとんどしないという子がとても多いです。そして、英語や数学では点が取れるのに国語では取れないという子も多いです。普通《ふつう》に日本語で話ができて日本語の文章が読み書きできるのに点が取れないっておかしいとボクは思います。みんなが国語が苦手なのは、ただ問題の解き方を知らないからなんです。解き方を知ってそれを練習することで、安定して点が取れるようになります。それをみんなに知ってほしいと思って、解答力を身につけるための61のオキテを一冊の本にまとめました。

今までの国語の本って「読解力をつけましょう」という内容のものが多いです。でも読解力って何でしょうか。文章を読んでその意味を理解するということでしょうか。だとしたら、キミたちにはすでに読解力はあると思います。足りないのは読解力ではなく解答力なのです。文章を読み解く力はあってもそれを相手に伝える練習をしていないだけです。

ボクがそれに気づいたのは、高校生のころです。ボクは学校の授業が好きではなく、よく教室を抜《ぬ》け出して図書館や琵琶湖《びわこ》のほとりで本を読んでいました（みんなはまねしないでね）。いろいろな本を手あたり次第に読みましたが、日によって本の内容が頭に入ってくるときとこないときがあることに気づきました。この差は何だろう？　と思って2週間くらいかけて分析《ぶんせき》をしてみました。そして、「どんなに読みづらい難しい本でも、接続詞に注目したりキーワードを拾いながら読めば、『すばやくていねいに』という一見矛盾《むじゅん》したことができることに気づいたのです。そして、そのことがわかると、国語のテストは初めて見た文章でもだいたい満点が取れるようになりました。

この本にはそのコツをたくさん紹介《しょうかい》しています。

国語の解答力をつけると、数学の文章題で何が問われているのかが理解しやすくなります。理科や社会で資料を見て答える問題は、内容を読み取る力がつくので当然すらすら解けるようになります。結局、国語だけでなくほかの教科の点数も上がるのです。

国語の解答力が上がると、人との会話も上手になります。それはみなさんが友達を増やし、良い人間関係を作っていくためにも役立つと思います。

ところでボクは今の仕事に就くまで、いろいろな仕事をしてきました。身体がとても弱くてどこで働いても病気が理由で解雇《かいこ》（いわゆるクビ）されたからです。20代の終わりごろ、ある大手塾《じゅく》に雇《やと》っていただいて塾長をするようになりました。仕事はとても忙しかったのですが、子どもたちと毎日接することがとても楽しくて、「ボクは教育の仕事が向いているのかも」と思いました。

しかし、結局そこも病気がきっかけで解雇《かいこ》。けれども教育に対する熱が冷めることはなく、1年間個別指導のアルバイトで修行をしてから家庭教師として独立しました。その後数年たってある生徒が「先生、塾を作ってよ！」と言ってくれたことをきっかけに、自分で塾を開くことにしました。だから今のボクがあるのは子どもたちのおかげなんです。

ただ勉強を教えるだけの塾なら世の中にたくさんありますが、生徒や保護者さんの話をとことん聴《き》くというのがボクのモットーです。人生の一時期、ボクとちょっとでも関わってくれた子が、自分が送りたい人生を送って、やがてその子も自分の家族を持つようになって、「そういえば、昔、田中っていう先生がいたな」と思い出してくれたらいいな、ボクのしょうもない話のうち1つでも、心に響《ひび》いていたらいいな」と思いながら仕事をしています。

人って生まれてきただけですごい価値があるとボクは思っています。「生きがい」という言葉がありますが、生まれただけでもすごいんだから（ボクは「生まれがい」と言っています）、この世に生まれたことを大切にして生きていってほしいと思います。

そのときに、国語の力がみなさんの人生の助けになればすごくうれしいことだと思っています。

第3章 説明文の解答力を上げるコツ

第4章 物語文の解答力を上げるコツ

第5章 記述問題の解答力を上げるコツ

第6章 国語の解答力を上げる生活習慣

第1章

国語の勉強法に迷う全ての子どもと保護者のみなさんへ

国語の勉強法がわからない、どうやったら国語の点数が上がるかわからないと言うみなさん、国語は読解力が必要だと思っていませんか？　読解力なんて必要はありません（だって、みなさんにはすでに読解力がありますから）。必要なのは、国語の解答力なのです。では解答力って何でしょうか。それをこの章では明らかにしていきましょう。

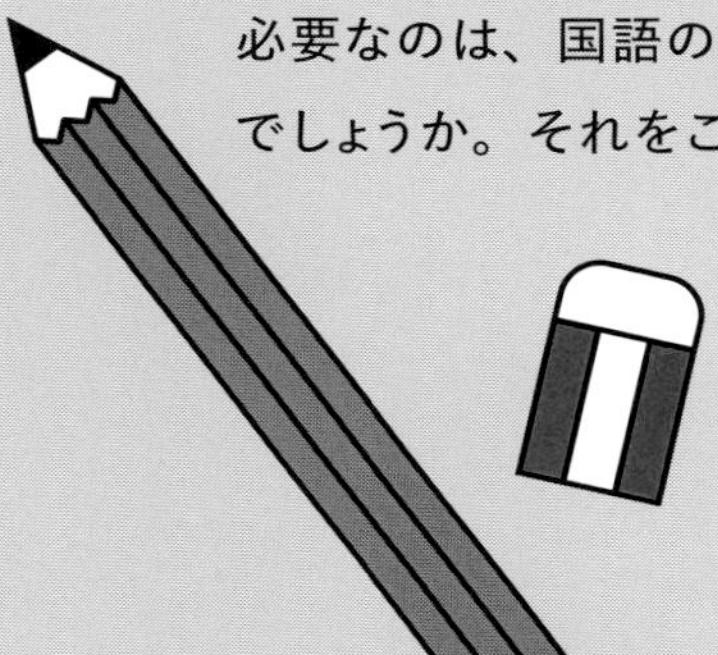

01 オキテ 保護者の方もいっしょに解きましょう

なぜなら その時間は宝物になるからです

この本を手に取ってくださった保護者の方は、国語が苦手なお子さんをなんとかしたい、国語テストの点数を上げたいと思っておられる方が多いと思います。ご安心ください。国語のテストには攻略《こうりゃく》法があります。ゲームと同じで、攻略法さえわかればこれまで苦労したのがウソのようにすらすら解けるようになるはずです。

ゲームですから1人より2人で取り組むほうが絶対に楽しいので、ぜひ**保護者の方もいっしょにこの本で解き方を学び、国語の問題集をお子さんと解いてみてください。問題集は解答が詳《くわ》しいものがいい**です。

解いたらお子さんといっしょに答え合わせをして、まちがえた問題も正解した問題も、「どうしてこの答えになったんだろう」と話し合ってみてください。正解だった問題も、この本の中のどのオキテを使って解いたのか、確認してみましょう。そのうち国語の問題のパターンがわかってきます。パターンがわかれば答えはおのずと見えてくるはずです。

保護者の方はお仕事や子育てで日々忙《いそが》しいとは思いますが、1日10分だけ、お子さんといっしょに問題を解く時間をぜひ作ってください。ボクもそうでしたが、母といっしょにものを考える時間が大好きでした。かけ算を習った小学2年生のときに、円周の求め方を質問してきた母はすばらしいなと今さらながらに感じています。そしてそういう時間が将来の宝物になるはずです。

※この本は保護者の方に向けて書いていますが、お子さんにも読んでほしいので子どもたちに語りかけるように書きました。保護者のみなさんも子どもの気持ちになって読んでみてくださいね。

母と問題を解いた時間は、今ふり返ると宝物のような時間でした。

02 オキテ
国語の楽しさを知りましょう

なぜなら　こんなに美しい言葉はないからです

日本語には、同じ「きく」でも、「聴《き》く」と「聞く」など何通りも漢字がありますよね。なぜだか考えたことがありますか？　これはボクの勝手な解釈《かいしゃく》だけど、「聴く」のほうは、十四の心に耳と書くよね。昔の人は、感情は14個あると思ってたんじゃないかな？　14の感情に耳を傾けて注意深くきくことが「聴く」なんじゃないかな？　だから音楽は、「聞く」ではなく「聴く」と書くのでは？

こんなふうに考えると漢字の勉強も楽しくなってきませんか？

「恥《はじ》」と「聡《そう》」の違《ちが》いも同じように考えてみましょう。「聡」とは「聡明」という熟語もあるように「かしこい」という意味を表す漢字です。この漢字を分解すると「公」「心」「耳」となります。ここから「かしこい人とは周りの人（公）の心に耳を傾《かたむ》ける人」と昔の人は考えていたのではないか？　一方恥のほうは、自分の心にだけ耳を傾ける、つまり自分勝手な人。こういう人を恥《は》ずかしいと昔の人はとらえたのではないか。こんなふうに漢字の背景にある歴史や昔の人々の気持ちに思いをはせると楽しくなってきませんか？

　このように**漢字（言葉）から空想遊びができるのって日本語だけなんです。日本語ってとても魅力《みりょく》的だと思いませんか**？

　日本人の名前についても考えてみましょう。ボクの名前は力を磨《みが》くと書いて、力磨（りきま）といいます。ボクの両親はきっと、ボクにすてきな力を身につけてそれを磨いてほしいと思ってこの名前をつけてくれたのだと思います。このように**漢字に願いや思いをこめて名前をつけられるのは日本だけ**です。すごいと思いませんか？

　まだまだ日本語には魅力があります。たとえば、雨を表す単語は英語ではrainしかありませんが、日本語には、大雨、小雨、雷雨《らいう》、豪雨《ごうう》、梅雨、時雨《しぐれ》、氷雨《ひさめ》、驟雨《しゅうう》、霧雨《きりさめ》など、たくさんの表現があります。なんと豊かな表現力でしょう。こんなすてきな国語をぜひ好きになってほしいです。

キミの名前は漢字でどう書きますか？
どんな意味がこめられているのかご両親に聞いてみよう！漢字の意味を自分でも調べてみよう。

日本語ってこんなにおもしろい！

《いろいろな雨がある！》

- 驟雨《しゅうう》ってどんな雨？
  →突然《とつぜん》降り出して短時間で止む雨。
- 時雨《しぐれ》ってどんな雨？
  →秋から冬にかけて一時的に降る冷たい雨。
- 氷雨《ひさめ》ってどんな雨？
  →冷たい氷を含《ふく》むような雨。

こういう言葉は、詩や物語にもよく登場します。天気を比喩《ひゆ》的に使って心を表した文章もよく見られます。これも日本語の魅力《みりょく》ですね。

《同じ黄色でもたくさんの言い方がある！》

日本語は色の表現もとても豊かだよ！

山吹色、黄金《こがね》色、菜の花色、卵色、レモン色、からし色、黄昏《たそがれ》色、朽葉《くちば》色、うこん色……。

微妙《びみょう》なニュアンスの違《ちが》いを言葉で表すことができる日本人ってとても感性が豊かだと思いませんか？

《日本語クイズ！》

問1 ひらがなは五十音というのに50個ないのはなぜ？

答え 以前は「ゐ」と「ゑ」というひらがながあったからだよ。今のワ行は「わをん」だけど昔は「わゐうゑを」だったんだ。「ゐ」は「い」、「ゑ」は「え」と読むのだけど、どういうふうに使い分けていたんだろう。なぜ今は使わなくなったんだろう。不思議だよね。ここからはぜひ自分でも調べてみてね！

ん	わ	ら	や	ま	は	な	た	さ	か	あ
		り		み	ひ	に	ち	し	き	い
		る	ゆ	む	ふ	ぬ	つ	す	く	う
		れ		め	へ	ね	て	せ	け	え
	を	ろ	よ	も	ほ	の	と	そ	こ	お

問2 11月22日は何の日ですか？

※読み方にヒントがあるよ。

答え 「いい（１１）夫婦（２２）の日」です。こういう言葉遊びを語呂《ごろ》合わせといいます。たとえば、「平安京遷都《せんと》の年号をうぐいすなくよ（７９４）平安京」と覚えたり、試験前にとんかつを食べるのも、とんかつの“かつ”を“勝つ”にかけた語呂合わせです。語呂合わせを楽しむことは日本の文化の１つでもあります。

03 オキテ

だれでも国語が得意になれます

なぜなら

明日と明後日を区別できるキミは天才だからです

キミは国語が得意ですか？　苦手ですか？　もし苦手だと思っているのなら、それは大きなまちがいです。だってキミは、品詞とか文法とか知らなくても、日本語を自然にしゃべれていますよね。日本語で読み書きもできますよね。そんなキミが国語が苦手なはずはないんです。漢字もたくさん知っていますよね。明日（あした）と明後日（あさって）を読むことができて、意味もわかりますよね。外国人にとっては、「日」を「ひ」「にち」と読むことだって難しいと思います。

さらに言えば、キミは「明後日の大晦日《おおみそか》の次の日は元日で、その朝のことを元《がん》旦《たん》という」を読めますか？　読めるし意味もわかりますよね。国語は母国語だから当然といえば当然ですが、こんなにトリッキーな漢字をすらすら読めるキミは、まちがいなく天才です！

だから自信を持ってほしいんです。**国語が苦手というキミは、〝国語の問題を解くのが苦手〟なだけ。**国語力はあるのだから、この本で問題の解き方を学び解答力を身につければ、キミは絶対に国語が得意になれます。

ところで、ボクは「読解力」という言葉を使うのが好きではありません。だからこの本でも使っていません。なぜなら、キミたちはすでに読解力があるからです。だって、この本を読んで、ちゃんと意味がわかっているでしょう？　**テストで問われる力とは、読解力ではなく、解答力なのです。**それを知ってほしくてこの本を書きましたし、この本が必要だと思いました。いっしょに解答力を上げるための解き方を学んでいきましょう。

キミはすでに国語力があるのだから、あと必要なのは自信やで！

04 オキテ 国語のテストを敵と思わないで

なぜなら キミを苦しめるつもりはないからです

特に入試問題にあてはまるのですが、テストはキミを落とそうとする敵ではありません。むしろその逆。**テストは学校側が仲間探しをするためにある**のです。**入試問題は、その学校がこんな子といっしょに学びたいというメッセージ**にほかなりません。テストだから点数はつきますが、本当は、キミがどんなことをがんばってきたのか、どういう考え方をする子なのか、どんな文章をよく読んできたのか、点数でははかりきれないことを知りたいのです。作問者はそういうことがわかるように問題を作っています。同じ学校の過去問を何度も解いていると、だんだんその学校がどういう子を求めているかわかってきます。テストは「キミを落とすためのもの」じゃない。「仲間を探したいだけ」なんです。そう思うだけでも、テストがそんなに怖くなくなるのではないでしょうか。

入試は仲間探し。
学校と友達に
なろうと思って
がんばると良いよ！

05 オキテ

なぜ国語という教科がなくならないのか

なぜなら

人が生きていくために絶対必要だからです

みなさんが小学校に入って、国語の授業で最初に習ったのは、ひらがなの読み書きでしたよね。読み書きができなければ、ほかの教科を学ぶことも難しいですし、生きていく上でも大変不便です。お店に行っても商品の名前が読めない、街の貼《は》り紙や看板が読めない。文字で気持ちを伝えられない。小説や詩を楽しむこともできません。**国語は、生きていくために必要不可欠な力を身につけるための教科**なのです。

また、国語の授業やテストでは登場人物の気持ちを考えさせられることがよくありますよね。これもキミたちが生きていく上で大切な訓練なんです。人は1人では生きていけません。**人と助け合って生きていくためには、相手の気持ちを考えることは不可欠**ですよね。

人間ってとても複雑です。良い人と思っていた人が心の中ですごいうらみを募《つの》らせていたり、悪者だと思っていた人がガラスのように繊細《せんさい》な心を持っていたり。表面から見ていただけではわからない人間の本性をどうやって見抜《ぬ》くのか。それを学ぶのが国語という教科です。そう考えると長文問題も楽しくなってきませんか？

国語の教科書には、物語文（小説）、説明文（評論文）、詩歌など、さまざまな文章が掲載《けいさい》されていますね。教科書に載《の》っているのはほんの一部なので、もし興味がわいたら図書館で借りたり自分で買ったりしてぜひ全文を読んでみましょう。力磨《りきま》少年（ボク）は好きな作家が見つかれば、その人の本ばかり読んでいました。そうすると作家さんのくせがつかめてきて読みやすくなっていくんですね。

本を読むことで、自分では経験できないことも頭の中で疑似《ぎじ》体験することができます。それはキミの思考や興味を果てしなく広げてくれるでしょう。難しい本や分厚い本は、見るだけでいやになるという人は、文字の少ない絵本や詩でもいいし、マンガでもいい。ぜひ食わずぎらいをしないで読んでみてください。

国語は生きていく上で絶対に必要な教科やで！
楽しく学ぼう！

06 オキテ 「国語には勉強法がない」は大きなまちがい

なぜなら 解答法を知って練習すればいいからです

キミはどうやって国語のテスト勉強をしていますか？　定期テストのときは、試験範囲《はんい》の教科書を読んだりノートを見て勉強すると思うけど模擬《もぎ》試験や受験のための国語の勉強ってしたことありますか？　ないという人が多いのではないでしょうか。「どんな文章が出るかわからないのに勉強のしようがない」と思っているのでは？

でも、**国語も算数と同じように解き方があります**。だから、解き方を知って、その解き方を使って解く練習をたくさんすればいいんです。解き方さえわかれば、国語で点数を上げることは英語で点数を上げるよりもずっと簡単です。英語は単語の読み方や意味を調べるところからしないといけないから勉強に時間がかかりますが、国語はだれでも読めます。だから**少ない労力で点数を上げることができる**のです。

国語の点数を上げるのは、ほかの教科よりも実はラク！

07 オキテ

国語はゲームと同じと知るべし

なぜなら

必ず攻略《こうりゃく》法があるからです

長文問題ではよく、「本文が長くて時間が足りなくなった」という声を聞きますが、それは目的もなく本文を読んでいるからです。解答力を上げるためには、最初から「**答えを探すぞ**」**という気持ちで読むことが大事**です。そのためには、本文より先に設問文を読むこと。そうすると、何に注意して読むべきかがわかるからです。また、設問で絶対に聞かれる「登場人物の気持ち」をチェックしながら読むのもポイント。接続詞や指示語にも注意しながら読みましょう。（その理由は第3章以降で！）

選択《せんたく》問題も、まじめに選択肢《し》を一つひとつ読むのは時間のムダ。全部しっかり読まなくても5択なら一瞬《いっしゅん》で2択にまで絞《しぼ》れる方法もあります（オキテ19参照）。コツさえ知っていれば、解答力は必ず上がります。解答力が上がれば国語はもっと楽しくなりますよ。

国語はゲームのようなもの。コツさえわかれば解くのがぐっとラクになるよ！

08 オキテ 読解力よりも解答力を上げるべし

なぜなら

解答力が上がればおのずと国語が楽しくなるからです

解答力はちょっとしたコツを知ればだれでも簡単にアップできます。よく、「国語力をつけるために、読書を習慣にしましょう」とか「新聞を毎日読みましょう」と言われますが、そんなことをしなくても大丈夫《だいじょうぶ》。おそらくこれらは「活字に対するアレルギーをなくしましょうね」という意味だと思います。もちろん、それが好きならやってもいいのですが、好きでないならしなくてもいい。きらいなことを無理にしても何も身につきません。つらい修行をしなくても、この本で紹介する61のオキテを守って問題に取り組めば、解答力は絶対上がります。それだけではありません。**説明文の読み解き方や物語文の楽しみ方が身につき、日常会話もレベルアップする**でしょう。そして、いつのまにか国語の問題を解くことがまるでゲームをするように楽しくなっているはずです。

コツさえわかれば
だれでも必ず点数
が上がります！

国語の点数をアップする小さな工夫

☑ シャーペンの芯《しん》は常に出しておこう！

大事なところに線を引いたり、キーワードを○で囲んだりしながら設問や本文を読むのが解答力を上げるコツ。だからシャーペンの芯は、答えを書くときだけでなく、常に出しておく必要があるのだ！

☑ 消しゴムは常に握《にぎ》りしめておこう！

消しゴムを持ったり置いたりするのは時間のムダ。利き手にシャーペンを持ったらもう一方の手には消しゴムを握りしめ、いつでも消せるようにしておこう。

☑ シャーペン、消しゴムは２セットで！

テスト中に消しゴムやシャーペンを落としたとき、「どうしよう、拾ってもらおうか」と考えるのも時間のムダ。集中力もとぎれてしまう。２セットあれば、あわてることなく続行できる。

☑ 解答用紙と距離《きょり》を保とう！

集中すると前かがみになって、目が解答用紙に近くなりがち。すると本文の全体像が見えなくなり、「キーワードがここにあるのに視界に入っていない！」という状態に。姿勢を正し、解答用紙と適度な距離を保とう。

第2章

文章題の解答力を上げるコツ

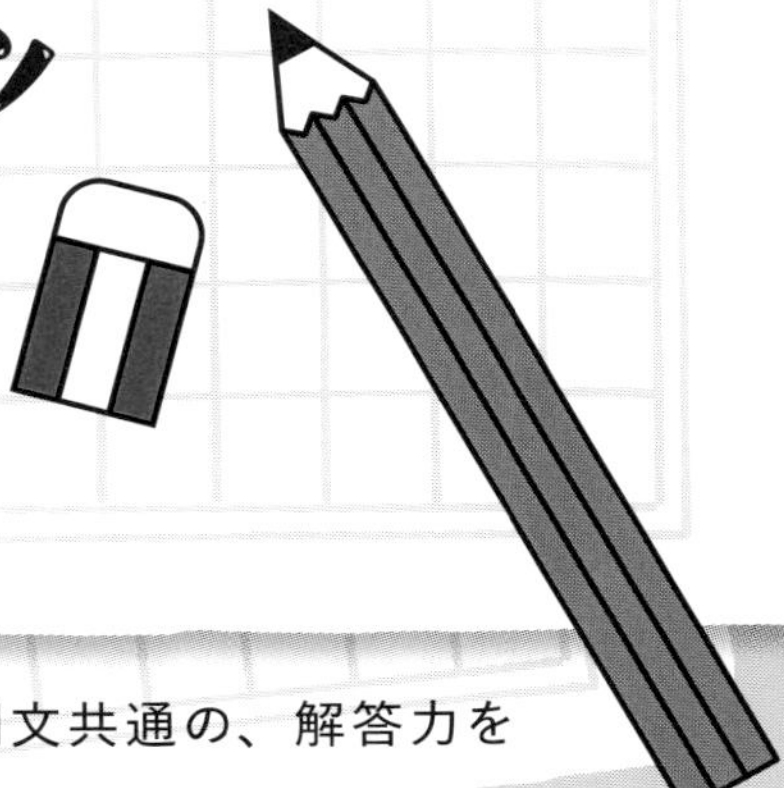

この章では、物語文、説明文共通の、解答力を上げるコツを紹介します。いきなり全部覚えるのは難しいかもしれませんが、この中の5つとか3つだけでも意識してみてください。「あれ？　前より簡単に感じる!」と思うはずです。ボクの塾《じゅく》の生徒たちもみんな、これを実践《じっせん》して国語のテストの点数を上げていきました。キミにも絶対できるはずです!

09 オキテ
作問者の聞きたいことを察するべし

なぜなら
解答の道筋が見えてくるからです

「筆者の気持ちを答えなさい」という問いがあると、すなおなキミは「そっか、筆者の気持ちを答えるんだな」と思うことでしょう。しかし、国語の問題について言えば、そういうすなおさはちょっとわきに置いておきましょう。常に「**この問いの裏には、なにか作問者のたくらみがあるはずだ」と疑いを持つことが大事**です。

作問者は、筆者の気持ちを聞くという問題を通して、キミがどのくらい本文をていねいに読めているか、細かな表現にも気づけているか、大事なところを見分ける力があるかを知りたいのです。

作問者は、「ちゃんと読めば正解できるけど、雑に読んでいると引っかけ問題に引っかかっちゃうよ」という絶妙《ぜつみょう》なころあいの問題を作りたがるものです。そんな作問者の戦略にひっかかってはいけません。冷静

気持ちを聞かれても、
キミの気持ちを
書いたらアカンよ！

に本文を読み、答えを探し出しましょう。

「このとき、〇〇さんはなぜこのような行動をしたのですか。理由を書きなさい」という問いがあったとします。ここで絶対やってはいけないのは、キミの考えを書いてしまうことです。だって「あなたの考えを書きなさい」とは書いていませんよね。本文の中には、答えのヒントになるキーワードが必ず隠《かく》れています。作問者は、キミがそのキーワードを見つけられるかを知りたいのです。

テスト後は、**正解した問題もまちがった問題も、なぜその答えにしたのかを振《ふ》り返るのが大事**です。キミが書いた答えの根拠《こんきょ》になるキーワードは本文の中にありますか？　なければ正解になるはずがないのです。次に正解を見てみましょう。その答えの根拠になるキーワードは本文のどこにありますか？　絶対ありますね？　見つけたら線を引きましょう。テストが返ってきたら、この作業をさぼらずやりましょう。これを繰《く》り返していると、だんだん作問者がどんな意図で問題を作っているかがわかるようになってきます。やがて、容易に答えが見つかるようになってくるでしょう。

答えの根拠が
問題文の中にあるか、
確認をしよう！

10 オキテ 読解問題は、設問から先に読むべし

なぜなら 時短になるからです

「国語の読解問題は、まず設問から読みなさい」とよく言われますよね。

なぜだか考えたことはありますか？

「先に設問を読んでからのほうが、何を聞かれるかがわかっているので焦点《しょうてん》を絞《しぼ》って本文を読めるから」

そのとおりですね。しかもそのほうが時短になります。

でも、もう1つ理由があります。それは、「**設問を読むだけで、本文の内容の5割くらいは推察できるから**」です。

情報が何もない状態から本文を読むよりも、5割くらい内容を知ってから本文を読むほうが、内容の理解が早くなりますよね。それだけ時短にもなります。「え、設問を読むだけで5割も理解できるの？」と疑問を持ったキミ、その理由は次のページで説明しましょう。

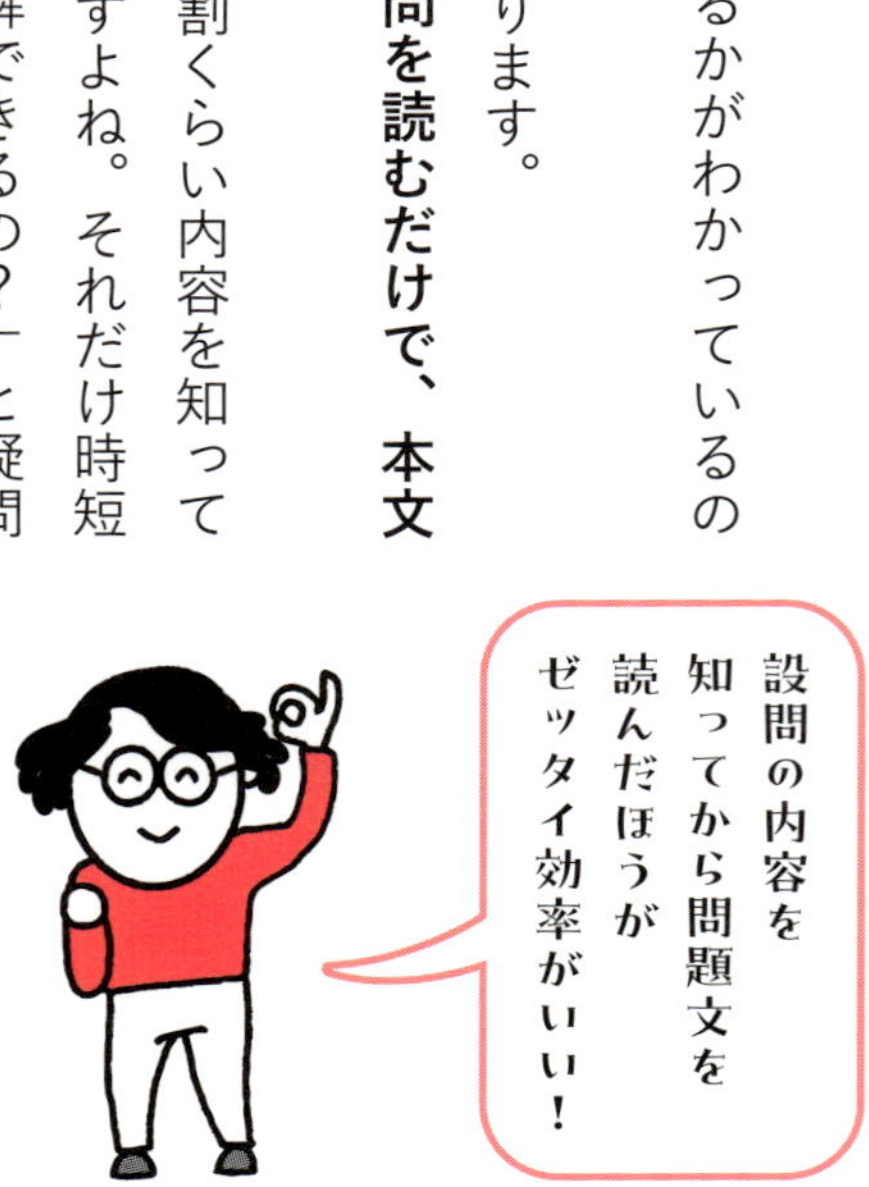
設問の内容を知ってから問題文を読んだほうがゼッタイ効率がいい！

11 オキテ 選《せん》択《たく》問題はラッキーチャンス

なぜなら 本文の内容を知る大ヒントだからです

前ページで、「設問を読むだけで、本文の内容の5割くらいは推察できる」と言いましたが、どうしてそれができるのでしょうか。

まず選択問題を見てください。「正しいものを1つ選べ」と書いてあれば、選択肢《し》の中に必ず正解が1つあります。1つだけ「絶対違《ちが》う」という選択肢はありますが、それをのぞけば、だいたい**選択肢を見ていれば本文の内容が推察できる**のです。

最後の選択問題は、本文の結論は何かを問うことが多いです。つまり、正解の**選択肢は本文全体の要約**になっているのです。ここを真っ先に読めば簡単に本文の全体像がわかりますね。もし「ふさわしくないものを選べ」という選択問題があればもっと簡単です。5択のうち4つは正しいわけだから、正しい内容にあたる確率が高くなるからです。

最後の選択問題の正解は、本文の要約になっていることが多い！

12 オキテ 設問文は印をつけて読もう

なぜなら

うっかりミスをしにくくなります

設問には「正解を1つ選べ」「いくつでも選べ」「誤っているものを1つ選べ」「あてはまるものを1つ選べ」など、いろいろなパターンがあります。「ずっと『正しいものを1つ選べ』だったから今度も同じだと思っていたら、『正しくないものを1つ選べ』だった。設問を読み違《ちが》えたせいで正解できなかった」という経験はだれにでもあるでしょう。でも、そんなことでまちがえるのってすごくくやしいし、もったいないと思いませんか？　私の友人で、たった1問うっかりミスをしたせいで東大に落ちた人がいます。入試本番でそんなミスをしたくないですよね。

だから、**設問文には印をつけて読む**のです。正解を選ぶのか？　誤っているものを選ぶのか？　何個選ぶのか？　あてはまるものを全て選ぶのか？　まちがえないようにしっかり印をつけましょう。

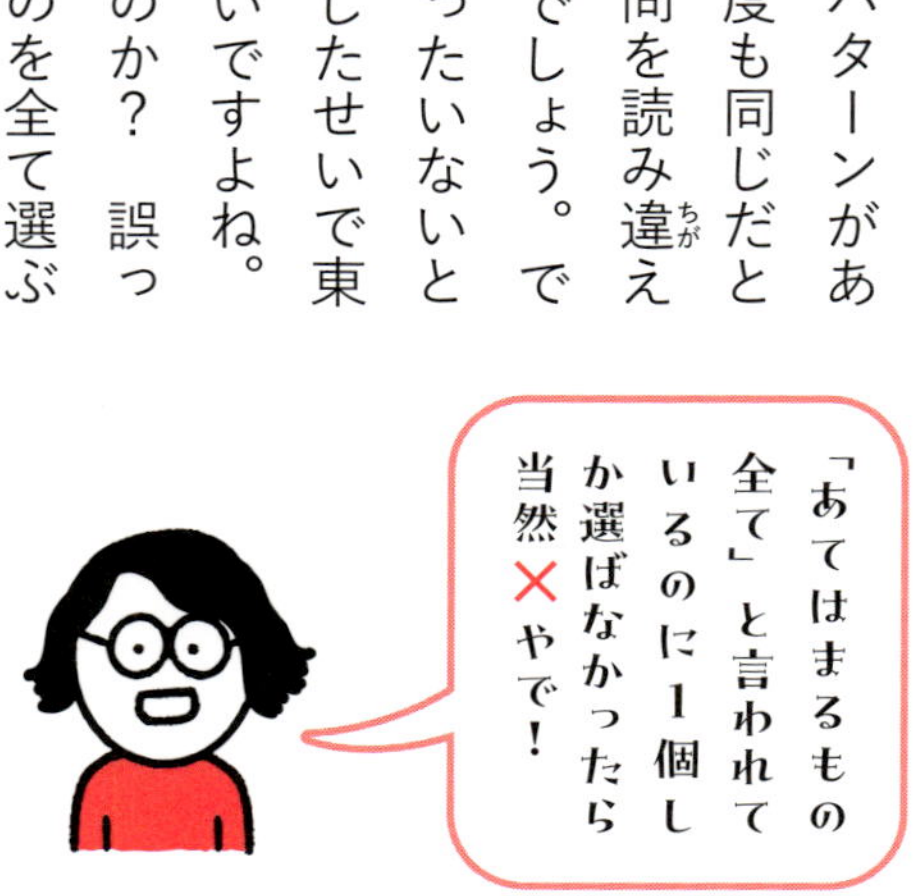
「あてはまるもの全て」と言われているのに1個しか選ばなかったら当然×やで！

13 オキテ 解く前に設問のねらいを探るべし

なぜなら 相手の戦略に気づくためです

「問題を見たらすぐに解き始める」というキミ、あわてて解く前に一度大きく息を吸って吐《は》いて、「この問題のねらいは何だろう」と考えることを習慣にしましょう。つまり作問者の気持ちになって考えるのです。

たとえば「傍線《ぼうせん》部分は何を表しているか。文章から抜《ぬ》き出して答えなさい」というタイプの問題は国語では定番の問題です。この問題で作問者はいったいキミのどんな力を見たいのでしょうか。**作問者はだいたい、「普通《ふつう》に読めば、正解はこれしかありえへん」というようなところを見つけて問題を作っています。**キミが本文をていねいに読めているか、キーワードを見落とさない注意深さがあるかを見たいのです。なにもひねって難しく考えなくても、落ち着いてていねいに本文を読めば、おのずと正解は見えてきます。

す〜
あせって解き始める前に、深呼吸やで！

14 オキテ 説明文は各段落の役割を見抜《ぬ》くべし

なぜなら

おのずと答えが見えてきます

説明文は、論理的に書かれているという特徴《とくちょう》があります。**論理的とは、「○○は◎◎である。なぜなら□□だからだ。」というように順を追って話が展開し、筋が通っていること**をいいます。結論がはっきりしていてまちがえようがないという点では、算数や数学と似ています。だから、算数や数学が得意な人は、説明文の問題も得意なはずです。「国語は苦手」と思いこまず、自信をもってください。いま苦手だったとしても必ず得意になります。

説明文の問題で聞かれることは、冒頭《ぼうとう》のような論理展開を見抜けているかどうか、作者が言いたいことをつかんでいるかです。

論理展開を見抜くとはどういうことでしょうか。たとえば本文を読んで、「ああこれは、何かの『理由』を述べているな、これは『具体例』だな、ここで『結論』を述べているな」というふうに、段落ごとの話の内容とその流れが理解できているかということです。

これができるようになる簡単な方法があります。

それは、**段落に①②③④…と番号をつける**ことです。そして次に、**各段落の最初に**注目します。接続詞がきていたらラッキー！

たとえば、段落の最初に「しかし、」ときたら、この後に前の段落とは反対のことや、筆者の本当に言いたいことが書かれているとわかります。さらに言えば、「前の段落は単なる前フリで、重要ではないな」とわかってほしいところです。

「たとえば」ときたら、具体例がくるはずだし、「また」ときたら、ほかの例や別の考えがくるはずです。「つまり」ときたら、「これまで書いてきたことのまとめがくるんだな」とわかりますね。ということは……。そうです。この段落に結論があるのです！

ただぼ〜っと本文を読んでいては、このような論理の展開に気づけません。その結果、何度も読みなおさないと内容が理解できません。それはとっても時間のムダなのです。

ポイント

- 説明文は段落に番号をつけよう
- 段落の頭の接続詞に注目しよう
- 接続詞のきまりを知ろう

「つまり」ときたら、「ここ大事！」のサインやで！
ビシッ

【意識しよう！】

●「たとえば」のあとには前に言ったことの**具体例**がくる。

●「また、もしくは」のあとにはさっきとはちょっと**違《ちが》う例**がくる。

●「つまり」「すなわち」ときたら**結論**がくる。

●「だが」「しかし」のあとにはこれまで言ったことと**逆のことや本当に言いたいこと**がくる。つまり**これまでの話は前フリ**だな！

接続詞に注目すると、文章の流れをつかみやすくなる！

15 オキテ 指示語の問題は必ず代入しよう

なぜなら

代入しても成立すればそれが正解

指示語の問題とは、文中の「それ」「これ」「あれ」は何を指すのかを問う問題です。これも非常によく出題されます。

かしこいキミならわかっていると思いますが、**指示語について問われてからあわてて本文を読み返すようなことはしてはいけません**。そんなことをしていたら時間がいくらあっても足りません。オキテ10でも述べたように、先に設問を読んでいたら、「あ、ここで『それ』が何を指すか聞かれるんだな、そのつもりで**答えを探しながら読もう**」となるはずです。

この手の問題は、たいてい「それ」「これ」「あれ」などの指示語の比較的《ひかくてき》すぐ前に答えがあるので（難関校の入試問題ではうんと離《はな》れたところにあるケースも多いですが）、まず近くから探しましょう。

不安なら、簡単に正解かどうかを確かめる方法があります。それは数学で言うところの「代入」つまり、あてはめてみればいいのです。たとえばある問題でキミが、答えは「去年の大失敗」だと思ったなら、「それ」の部分に当てはめてみて、それでも文章が成立するかを見ればいいわけです。試しにやってみましょう。

力磨《りきま》はそれがいつまでも気になってしかたがなかった。

【問い】 それとは何を指すか。

力磨は去年の大失敗がいつまでも気になってしかたがなかった。

どうでしょうか。ちゃんと伝わる文章になっているのではないでしょうか。

指示語の問題が
出てきたら、
答えを探しながら
問題を読むべし！

16 オキテ 指示語によって距離《きょり》感は違うと心得よ

なぜなら

答えは必ず直前にあるとは限らないからです

35ページで、「指示語の問題の答えは、だいたいその指示語の直前にある」と述べましたが、必ずしもそうではないことがあります。じゃあどの辺を探せばいいかは、指示語がヒントになります。

「これ」「この」は、比較的《ひかくてき》指示語のすぐ前に答えがあります。「あれ」「あの」は、それよりはちょっと遠くにあります。「それ」「その」になるとさらに遠くにあります。まず距離感で見当をつけて、おそらくこれかな、と思う答えが見つかったら、代入して確かめてみましょう。

指示語が指す言葉が文章まるごとだったり、これまで話してきたこと全部を指していたりすることもあるので気をつけて。指示語が何を指すかをまちがえたまま読み進めるとどんどん内容がわからなくなるので、この指示語には何が入るか、意識しながら読み進めましょう。

17 オキテ 自分は解答者であって読者ではないと心得よ

なぜなら

読者では問題を解くことができないからです

読者なら「これ面白いな〜」「つまんないな〜」と感情のおもむくままに読めばいい。でも、解答者はそれではダメ。「自分はこの問題を解かなければならないのだ」としっかり意識してください。**読者気分が抜《ぬ》けないまま問題に取り組むと、自己満足解答をしてしまいがちだからです。**もちろん、そういう解答は必ず×になります。

解答者になりきるとは、**たとえ自分の感想や主張とは違《ちが》っていても「作問者はこういう答えがほしいのだな」ということを冷静に見抜いて、作問者のほしい答えを書く**ということです。

私の生徒に、「なぜこの答えを書いたの？」と聞くと、「だってそう思うから」と答える子がとても多いです。そのたびに、「それってキミの考えちゃうん？　本文の中に根拠《こんきょ》はある？　作問者が聞きたいのはそこ

ちゃうで」とツッコミを入れるのですが……。

たとえば、次のような問題を例に考えてみましょう。

「Aくんは、『大学の一般入試はなくすべきだ。なぜなら、1回の試験で合否が決まって、普段《ふだん》の成績や学習態度は評価してもらえないから』と言っています。Bさんは、『一般入試がなくなると、部活をしていなかったり内申点が振るわない子がリベンジする機会がなくなるから良くない』と言っています。Cくんは、『(　　)だから、Bさんに賛成だ』と言いました。Cくんは、なぜBさんに賛成なのでしょうか」(こんな雑な問題は本番では出ませんが……)。

ここで、「CくんはBさんが好きだから」「Cくんは受験勉強がきらいだから」と書いたとしたら、当然×だよね。

だって、それはキミの考えであって、本文の中にその答えの根拠はないから。「ぼくも(　　)だからBさんに賛成」と言っているのだから、Bさんの発言の中に答えがあると考えるべきなのです。

正解の例としては「部活をしていない子や、内申点がよくない子にチャンスがなくなると思うから」あたりじゃないでしょうか。

その答えの根拠は
本文の中にあるか？
を確認しよう！

18 オキテ

国語の問題用紙は徹《てっ》底《てい》的によごそう

なぜなら

復習こそ国語の解答力アップの秘《ひ》訣《けつ》だからです

「国語って漢字や文法の勉強方法はわかるけど、文章問題の勉強方法がわからない」「国語テストの本文は毎回違《ちが》うので、勉強のしようがない」という人はとても多いです。

確かに、模擬テストや入試問題で同じ本文が選ばれることはまずないでしょう。しかし、勉強法はあります。

それは、**自分の解答を徹底的に見直すこと**です。「答えを見て、まちがったところに正解を書き込んで終わり」ではありません。

自分が書いた答えと、正解を見比べて、なぜ正解だったたか、なぜまちがったか、答えを出した理由を自分の頭で考えることが何より大事です。

それから正解を見て、その根拠《こんきょ》は本文のどこにあるのかを探し、ここだと思うところに線を引きましょう。あてずっぽうで正解したものはちゃんともう1回解いてください。これが根拠だと思うところに線を引きながら。それが「問題用紙を徹底的によごす」ということです。

面倒《めんどう》と思うかもしれませんが、自分で考えて正解を導く力をつけるために絶対に必要な作業なのです。

この作業を繰《く》り返すうちに、「なるほど、作問者はこう答えてほしいんだな」「こういうふうに答えを見つけてほしいんだな」ということが感覚的につかめてきます。

さんざんこの作業をすると、**キミの頭の中には〝解き方〟の引き出しが増えていくはず**です。そしてテスト本番には「あ、あのときのあのパターンと同じだ」と気づくでしょう。ここまできたら、迷うことなく正解にたどりつけるはずです。

「いちいちテストを振《ふ》り返るなんて」と思うかもしれませんが、これが最も効率的な国語の勉強法なのです。本番でも、解答に要する時間は絶対短縮されるはずです。結局時短になるのです。どうせやるなら効率よく勉強しましょう。

ファイトー
終わったテストを徹底的に見直すことが国語の点数を上げる近道やで！

19 オキテ

選《せん》択《たく》問題の攻《こう》略《りゃく》法を知ろう

なぜなら だれでも解けるコツがあるからです

選択問題で、作問者はキミのどんな力を見たいのでしょうか。それは、「比《ひ》較《かく》する力」です。選択問題の選択肢《し》には、必ず1つ正解がありますが、絶対これは違《ちが》うとすぐわかる選択肢も必ず1つあります。ということは、**4択の問題の場合、3つの中から正しいものを選べばいい**のです。残った3つのうち、これはたぶん違うというものは比較的簡単にわかるでしょう。問題は残り2つです。ぱっと見、どっちも正解のようなものが残ります。そこで正解するためには、2つの選択肢を見比べて「これは違う」「これは正しい」という判断をしなければいけません。作問者はまさにその力を見たいのです。

これには攻略法があります。それは、「**選択肢を読点で上（主部）と下（述部）に分けて読む**」ことです。こうすると、全文を見て比較するよりも

ポイント

これが4択問題の攻略法だ！

❶ 絶対違うものをまず外す

❷ 残りの選択肢を読点で前後に分ける（長文の場合も前半と後半で分ける）

❸ まず述部（または主部）を比較しよう。３つのうち同

違いがわかりやすくなります。

物語文の場合、述部には「感情」が入ることが多いです。その感情は、喜怒哀楽のうちのどれでしょうか。「絶対違う」という選択肢を除いた3つの選択肢を比較して、「うれしい」と「悲しい」が2：1なら、2の「うれしい」の選択肢のどちらかが正解になるはずです。2：1の1のほうが正解になることは絶対ありません。なぜなら、それでは簡単すぎるからです。作問者の気持ちになったら、そんな簡単な問題、出したくないですよね。

このように、述部を見て選択肢を2つにまで絞《しぼ》れたら、次は主部を比較し、違いを探します。その違いが正誤を分けるカギです。本文の内容と合っているのはどっちの選択肢か。2つから選ぶのだから簡単ですね。

もし、読点がない選択肢があれば、その選択肢は絶対に正解ではありません。なぜなら、ほかの選択肢と比較しようがないからです。選択問題は「**比較する力を見る**」のが目的ですから、比較できないような選択肢が正解になるはずはないのです。

じものが2つある場合は、その2つのどちらかが正解（3つが全部ばらばらということはまずありえない）。

❹次に主部（または述部）を比較しよう。本文の内容と合っているほうが正解。

20 オキテ

こんな選《せん》択《たく》肢《し》は絶対に選んではいけない

なぜなら

「絶対」「全て」「断定」はありえないからです

選択問題で、選択肢の中に、「全て」とか「全員が」とか「絶対」といった**断定的な言葉が出てきたら、その選択肢はまず不正解です。**

たとえば、「その教室内の全員がそのように感じていた」という選択肢があるとします。全員が同じように感じていることってありえますか？　そもそも全員が感じていることをどうやって確認するのでしょうか。無理ですよね。**現実的にありえないから、絶対に**×なのです。

「この台風はこれまでのどの台風よりも大きな被害《ひがい》を与えた」という選択肢も、有史以来の全ての台風を比べることなんて不可能だから、「これまでのどの台風よりも」とは断定できないのです。

「労働者たちは読者が考えているよりも悪い環境《かんきょう》で働いていた」はどうでしょうか。これは、「労働者たちは」とひとくくりにしている点に要注意。「いや、いろんな労働者がいるし、ほかの労働者は違《ちが》うかもしれへん」と思ったキミは正しい。これも絶対選んではいけない選択肢なのです。

作問者の気持ちになって考えてみると、もっと理由がはっきりします。作問者は、絶対にまちがった問題を作りたくないのです。もしまちがった問題を作ってしまったら、大学入試問題なら新聞に載《の》るくらいの大事件です。だから、あとから「その問題まちがっていませんか?」と指摘《してき》されるようなあぶない問題は作りません。世の中には「100%」とか「絶対」と言い切れることはほとんどありません。だから、そういう言葉がはいった選択肢が正解になるような問題は、作問者の気持ちからしてもありえないのです。

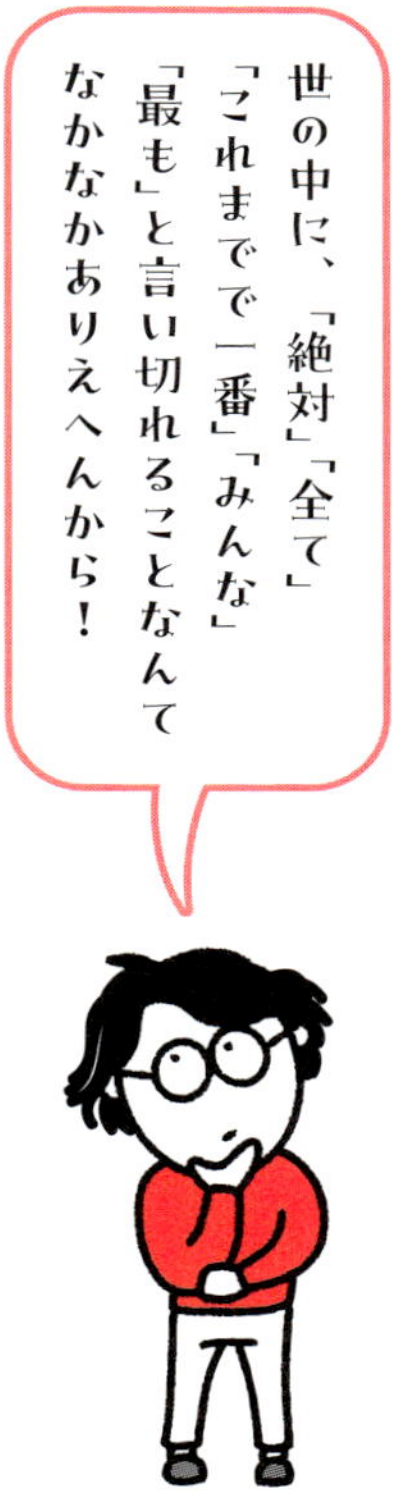
世の中に、「絶対」「全て」「これまでで一番」「みんな」「最も」と言い切れることなんてなかなかありえへんから!

【やってみよう！】

問 次の選択肢《せんたくし》で、絶対違《ちが》うのはどれですか？

1 力磨《りきま》くんは今日良い天気なので、外で遊んでいる。

2 力磨くんは今日良い天気だが、家で寝《ね》ている。

3 力磨くんは今日家族といっしょに買い物に行っている。

4 力磨くんは今日良い天気だが、塾《じゅく》で仕事をしている。

5 力磨くんは今日良い天気だが、全ての生徒と塾で勉強をしている。

解説

3は読点がないから消えますね（理由はオキテ19を見てね）。**5**は、「全ての」と言っているから消えます。

残り3つの選択肢については、読点で「主部」と「述部」に分けて、比較《ひかく》しましょう。主部を見ると、**1**だけ末尾が「なので」で、**2**、**4**は「だが」となっています。「なので」：「だが」＝**1**：**2**ですね。ということは、**1**は正解にならないから、残る選択肢**2**、**4**のどちらかが正解となります。2つから正解を選ぶのなら、5つから選ぶよりずっとラクですね。

選択問題は、こんなふうに選択肢を絞《しぼ》ってから考えると時短になりますよ。

21 オキテ 段落に番号をつけるべし

なぜなら

格段にわかりやすくなるからです

長文を読むのが苦手、文字がいっぱいあるとそれだけで気がめいってしまうというキミ、そういうときは、本文を段落ごとに区切ってから読みましょう。全文を読もうと思うと大変ですが、段落だけ読めばいいと思えば気がラクになるのではないでしょうか。

段落とはキミも知っているとおり、あるテーマについて述べられたいくつかの文の集まりのことです。段落の始まりは、1文字下げて書くという決まりがあるから、1文字下がったところが段落の切れ目だとわかるはずですね。

段落を区切ったら、段落に①、②、③と番号をつけましょう（すでに本文に印刷されていても書き込《こ》みましょう）。こうすると文章の構造（オキテ27を参照）がわかりやすくなります。

次に、**各段落の1行目の文頭の接続詞に注目**しましょう。〇で囲むとよりわかりやすいですね（接続詞がない場合もあります）。

次ページの例文では、2段落目の文頭に「しかし」という接続詞があります。これは逆接の接続詞です（オキテ31参照）。逆接の接続詞は、これまで述べてきたことと反対のことを述べるときに使います。そして、**逆接の接続詞のあとには、作者が本当に言いたいことがくることが非常に多いです**。例文では、1段落目で鈴蘭《すずらん》の話をしていますが、「しかし」のあとに「本当に好きな花は馬鈴薯《ばれいしょ》の花」と述べています。どちらが作者の言いたいことか、明らかですよね。

このように、**長文も段落ごとに区切って接続詞に注目して読むことで、筆者の言いたいことがすごくわかりやすくなります。**

オキテ27で述べる「型」のことも意識しながら読めば、「この段落とこの段落は、理由を述べているんだな」「この段落は単なる前フリだな」ということも見えてくると思います。

そういう読み方を心がけていると、今まで「わかりにくい」と思っていた説明文が、ぐっとわかりやすくなってきますよ。

①北海道の花といえば、誰《だれ》でもまず鈴蘭を思い出すだろう。私の小学生中学生時代には、湯ノ川のトラピスト女子修道院の、はるか前方の丘は全て鈴蘭畑であった。自由にそこへ行って、好きなだけ摘《つ》んでこれたが、いまはどうなっているか知らない。消滅《しょうめつ》してしまったのではなかろうか。

②しかし鈴蘭よりもっと私の好きな花は馬鈴薯の花である。函館《はこだて》の東部、湯ノ川から二十町ほど歩いてゆくと、そこにトラピスト女子修道院があるが、この付近は全て馬鈴薯畑か、とうもろこしの畑である。

——亀井勝一郎《かめいかついちろう》『馬鈴薯の花』より

本当に言いたいことは、逆接の接続詞のあとに書かれていることが多いよ！

22 オキテ 最終段落は先にチェックすべし

なぜなら

本文の結論が書いてあるからです

オキテ21で長文を読むときは、段落ごとに区切って読もうと言いましたね。段落を区切ったら、最初から読むのではなく、まず最後の段落を読みましょう。なぜなら、**多くの場合、最後に結論が書かれている**からです。

映画の場合、ラストを先に見るとネタバレになって、ドキドキわくわくが半減してしまうのでおすすめしませんが、国語の問題を解くときは話が違《ちが》います。

なぜ、結論を先に読むほうがいいのか。理由その1は、先に結論を知ってから全文を読むほうが、前知識を持って読むことになるので内容が理解しやすいからです。

理由その2は、最後の結論に話を持って行くために、作者がどんな工夫をしているのかがわかるようになるからです。

工夫とは、「なるほど、ここに伏線《ふくせん》（のちの展開に備えて、あらかじめ結論に関することをチラ見せしておくこと）を置いているんだな」「説得力をもたせるために、似た事例を入れたんだな」「似た例と比較《ひかく》させてやっぱりこっちが良いという結論に持って行きたいんだな」「結果を強調するために、同じことを別の言葉で言い換《か》えているんだな」などです。こういう工夫は、結果を知ってから読むほうが見つけやすいのです。推理ものの映画でも、犯人がわかってからのほうが手がかりが見つけやすいのと同じですね。

そして、こういう「手がかり」になりそうなところが、設問でも問われがちです。作問者の気持ちになって考えれば、「作者の工夫を見抜《ぬ》けているかどうか」と問いたいからです。

タネあかし(結論)がわかれば、作者の工夫が見えてくるよ！

23 オキテ

スピードアップは練習のやり方次第

なぜなら

漫然《まんぜん》と問題をこなしても速くなりません

国語のテストはいつも時間が足りなくなると言うキミ、練習をすれば必ずテストにかかる時間は短くできます。でも、ただやみくもに問題を解けばいいわけではありません。これまで述べてきたように、**本文を読むときには、段落に番号を入れたり、指示語が指す言葉を□で囲んだり、キーワードに線を入れたり、などの作業をしながら読むことが大事**です。練習の段階からこれを徹底《てってい》しましょう。「いちいち印をつけていたら時間がよけいかかるのでは？」と不安かもしれませんが、心配無用。だまされたと思って1カ月くらい続けてください。知らない間に解くのが速くなっているはずです。

それと、テストが返ってきたときの振《ふ》り返りも必ずやってくださいね。まちがった問題は、解説をしっかり読んでなぜまちがったかを確認しましょう。ここまでなら「そんなこといつもやっている」と思う人も多いでしょう。でもそれだけではダメ。正解した問題もぜひ見直してください。正解の根拠《こんきょ》は必ず本文の中にあります。解説を読んでその根拠を確認するという作業をしてほしいのです。この作業をやった子とやらない子では、1カ月後に大きく差が出ます。やった子は必ず解答力がアップし、解く時間も短くなります。

時間を短縮する方法はもう1つあります。それは、練習のときも時間を計って問題に取り組むことです。最初は本当の試験時間よりも長くかかってかまいません。全ての問題に答えの根拠を見つける気持ちで取り組んでください。大事なことは、毎回時間を計って何割正解したかを記録していくことです。そうすれば確実に時間が短くなっていき正解率も上がることを実感できるはずです。時間内に解けるようになったら、今度は、本当の試験時間より10~15分短い時間でタイマーを設定して解く練習をしましょう。本番では何が起こるかわかりません。練習のときから、時間が足りない想定で練習しておくと心にゆとりが生まれます。

日々の積み重ねで必ず解くのが速くなる！
急がば回れ

国語のテスト中、気がついたら涙《なみだ》が

オキテ17で、「国語の問題を解くときは、読者になってはいけない」と述べましたが、なぜそんなことを言うかというと、まさにボクがそれで失敗しているからです。

ボクは自分で言うのもなんですが、感受性が強いほうだと思います。そのせいでもあると思うのですが、あるとき、国語のテストで物語文を読んでいるうちに、なぜだか物語にぐいぐい引き込《こ》まれ、主人公に感情移入しすぎて切なく悲しい気持ちになっていました。どうしようもなく切ない気持ちになっていて気がついたら頬《ほお》をつたう何かが……。

国語は得意でだいたい満点を取っていたのですが、このときばかりは平常心を失い、冷静に選択肢《せんたくし》を選んだりするなんてとてもできなくなってしまいました。そのうち時間切れ。満点を取ることはできませんでした。

ボクはすっかり読者になっていたんですね。読書のときならそれでもいいのですが、テストのときはそうはいきません。「自分は読者ではなく解答者なんだ、この文章を読んで設問に答えなければいけないんだ」と、冷静な目で本文を読まなければ正解は見つけられません。特に音楽を聴《き》いてよく泣いてしまう優しいキミ。「今日の自分は解答者や！　読者になったらアカン！」ということを忘れないでください。自分の立場をしっかり確認すること。たったこれだけのことで取れる点数が変わってくるんです。

第3章

説明文の解答力を上げるコツ

国語の問題は、物語文よりも説明文のほうに苦手意識を持つ人が多いのではないでしょうか。でも、説明文は、構造（型）さえつかめば案外わかりやすいのです。

24 オキテ

指示語に何が入るかを意識しよう

なぜなら

そこまちがうと意味がさっぱりわからないからです

本文を読んでいると「こそあどことば」がよく出てきますね。「こそあどことば」とは**「これ・それ・あれ・どれ」などの指示語**のこと。もう知っていますよね？

指示語が出てきたら、そのたびにいちいち、「この指示語はココを指しているんだな」と確認しながら読みましょう。そうしないと、だんだん本文が何を書いているのかわからなくなってきます。内容がわからないのにそのあとの設問に答えるなんて、普通《ふつう》に考えたら無理だと思いませんか？　だから、指示語が出るたびに、「この指示語の意味はコレ」と、指示語が指している言葉を指示語の横にメモしたり、めんどうなら、指示語と言葉を線でつなぎましょう。

難関校の試験問題ほど、指示語がたくさんある文章を使いたがります。

指示語が多いとそれだけ読みづらく、難しく感じます。それは情報を整理するのが大変になるからです。なんでそんな問題を出すかというとそれは、「指示語の使い方を理解し、読みにくい文章でも内容を整理して読み取る力のある生徒がほしい」という学校側の意思表示なんです。その学校に行きたいのであれば、指示語問題は要チェック。しっかり練習しましょう。

国語の長文問題は、算数や数学と似ています。算数も、「何が問われているのか」を知るために、**本文の情報を整理することが正解への第一歩**です。国語も同じなんです。読みにくい文章を整理することが、文章の内容理解につながり、内容が理解できれば設問に答えるのは案外簡単なのです。

指示語が出たら「この指示語が指しているのはココ！」と印をつけよう！

25 オキテ 情報整理は、本文に印をつけまくるべし

なぜなら

文章が格段に読みやすくなるからです

説明文は物語文に比べて、読みにくいことが多いです。その理由は、説明文は日常生活とあまり関連のない専門的な内容のことが多いので、頭でイメージできないからでしょう。でも、ちょっとした工夫で説明文も読みやすくなります。

それは、「**これがキーワードだ！**」**と思うところに印をつける**ことです。□で囲ったり、アンダーラインを引いたりカギカッコでくくったり。カギカッコも大カッコ、中カッコなどいろいろな形がありますから、自分なりにルールを決めて使いわけましょう。練習のうちはまちがっていてもかまいません。キーワードを見つけようという姿勢が大事なのです。

こうすると、内容の交通整理ができ、たとえば「前半と後半で著者の感想が変化したな」とか、おおざっぱな流れがわかりやすくなります。

流れがわかると文章の理解がかなりラクになりますよ。

①カンザクラというサクラの一種があって、学名をプルーヌス・カンザクラ（prunus Kanzakura, Makino）と称する。落葉喬木《きょうぼく》で多くの枝を分かち、繁《しげ》く葉をつける。高さはおよそ一丈半くらいにも成長し、幹はおよそ一尺余にも達する。

②このカンザクラは、ふつうのサクラよりはずっと早く開花する。寒いときに早くも花が咲くというので、寒桜の名がある。彼岸《ひがん》ザクラに先だち、すなわち二月には花がさくので、ふつうのサクラの先駆《さきが》けをする。しかし東京では寒気のためにその花弁が往々傷められがちであるが、駿州《すんしゅう》辺のような暖地ではまことにみごとに開花する。

――（牧野富太郎《まきのとみたろう》作『寒桜の話』より）

この話のキーワードは何だろうと考えながら読むくせをつけるといいよ！

26 オキテ 作者の工夫を見抜《ぬ》くべし

なぜなら

そこが必ず設問になります

物語文は、人によって解釈の仕方や読後の感想が異なることはよくありますよね？　森《もり》鴎《おう》外《がい》の『舞姫《まいひめ》』は「美しい愛の話だ」と思う人もいれば、「出世に目がくらんだ身勝手な男の話」と思う人もいるでしょう。どちらが正しいということではなく、どちらも正しい。それが物語文のおもしろさでもあるのです。

しかし、説明文はそうではいけません。説明文では、著者は具体例やデータを用いながら、自分の主張を述べていきます。**読み手が「結局、この人の言いたいことって何だっけ？」と迷うようでは説明文としては失敗**なのです。だって説明できてないってことでしょ？　だから著者は、自分の主張がしっかり読み手に伝わるように、さまざまな工夫をしています。

そのうちの1つが、構成（型）です。**説明文はだいたい決まった型にそって書かれています**（オキテ27参照）。**説明文で一番多いのは「結論先出し型」**。最初に結論を述べて「なぜなら」「たとえば」で段落をつなぎながら理由や根拠《こんきょ》を述べ、最後に「つまり○○なのだ」ともう1回結論で締《し》める。シンプルだしいわば〝お約束〟な流れなので、読み手も「ここは例で、結論はこれだ」と、内容をつかみやすいのです。

もう1つの工夫は、1つ1つの段落が長すぎず短すぎず適度な量であること。そして、1つの段落にあれもこれも詰《つ》め込《こ》まず、だいたい**1段落1テーマ**になっています。文も同じ。**1つの文はおよそ30～40文字程度**です。だから内容が頭に入りやすいのです。1文が長すぎると、読者の脳みその情報処理能力と短期記憶《きおく》のキャパを超《こ》えてしまい、内容が頭に入らなくなります。

ほかにも、難しい言葉をやさしく言い直したり、大事な言葉を繰り返すなど、文章を正しく理解してもらうために、作者はいろいろな工夫をしていることに気づきましょう。

作者の工夫を知ると設問の意図も理解しやすくなりますよ。

「1段落1テーマ」「1文を短く」は自分が作文を書くときにも役立つコツだよ！

27 オキテ

文章の「型」を見抜《ぬ》くべし

なぜなら

何パターンかで片がつきます

説明文に苦手意識がある人は、その説明文はどういう構成で書かれているかをまず見抜きましょう。**構成がわかれば、「この段落は背景の話だな」「ここは結論だな」と、各段落で何を言おうとしているかが理解しやすくなり、文章全体の意味も理解しやすくなるから**です。構成とは「型」とも言い換《か》えられます。型は、多くてもせいぜい10個くらいしかありません。代表的なものを6つ紹介《しょうかい》しましょう。

(1) 起・承・転・結型

日本の伝統的な文章の型です。キミたちもおなじみですね。

①起……………テーマや問題提起（これからこの問題について話すよ）

②承……「起」に関連する背景や情報
③転……具体例やデータ、詳細《しょうさい》な情報
④結……結論やまとめ

(2) 結論先出し型

論文やビジネスプレゼンテーションでよく使われるパターンです。
①結論……一番言いたいことを最初に言う
②理由……なぜその結論か
③具体例・根拠《こんきょ》……理由をうらづける具体例や根拠
④結論……もう1回結論で締《し》める

(3) 前フリでつかむ型

最初にみんなの関心を引くような前フリを入れて自分の主張につなげていくパターンです。
①前フリ……結論にまつわる背景や基本情報など

②展開……………前フリから導かれる議題を提示
③解説……………②についての具体的な内容
④まとめ…………つまりこういうこと、という結論

⑷比較《ひかく》型

複数のものを比較して説明する場合に使われる型です。

①対象の提示……AとBがあるよ
②共通点…………AとBの共通点
③相違点…………AとBの違《ちが》い
④結　論…………どちらが良い、という結論

⑸時系列型

ものごとを、時間の流れに沿って述べる方法だ。

①起こった順に説明
②起こったことに対する考察
③今後の予測や計画

(6) 問題解決型

何が問題か考え、具体的な解決策を示すときに使われる型だ。

① 問題提起……何が問題か
② 原因分析《ぶんせき》……なぜその問題が生じたのか
③ 解決策……具体的な対策
④ 効果……その解決策による効果は何か

ほかにもありますが、このくらい知っていれば、国語で出題される説明文はだいたい網羅《もうら》されるでしょう。

説明文でよく使われるのは結論先出し型

結論 ➡ 理由１ ➡ 根拠《こんきょ》（具体例）➡ 結論
結論 ➡ 理由２ ➡ 根拠（具体例）➡ 結論
結論 ➡ 理由３ ➡ 根拠（具体例）➡ 結論

28 オキテ 単なるつかみか結論かを見抜《ぬ》くべし

なぜなら

答えがどこにあるか見つけやすくなります

オキテ27で、文章の構成（型）にはいくつかのパターンがあると説明しましたね。これを知っているとなぜ良いか理由を説明しましょう。

たとえば、「結論先出し型」なら、3段落目が結論を言うための根拠《こんきょ》かなと想像ができます。もし「なぜこういう結論なのか、根拠を述べよ」という設問なら3段落目付近を見ればいいのです。

「前フリでつかむ型」なら、1段落目は、結論を導くための前フリだから、結論に関するキーワードがあるはずです。もしボクが作問者なら、たとえば、『○○は□□である』と同じことを言っている部分（ここがキーワード!!）を本文の中から抜き出して書きなさい」など、そのキーワードを問う質問をつくるでしょう。

「比較《ひかく》型」なら、「著者はなぜAをすすめるのか、理由を述べよ」という設問が出る可能性は高いです。答えは「AとBの違《ちが》い」を書いている段落にありそうだと見当がつきますよね。

　こんなふうに、**文章の型を知っていると、どこから出題されそうか、どこに答えがありそうかも見抜きやすくなる**のです。

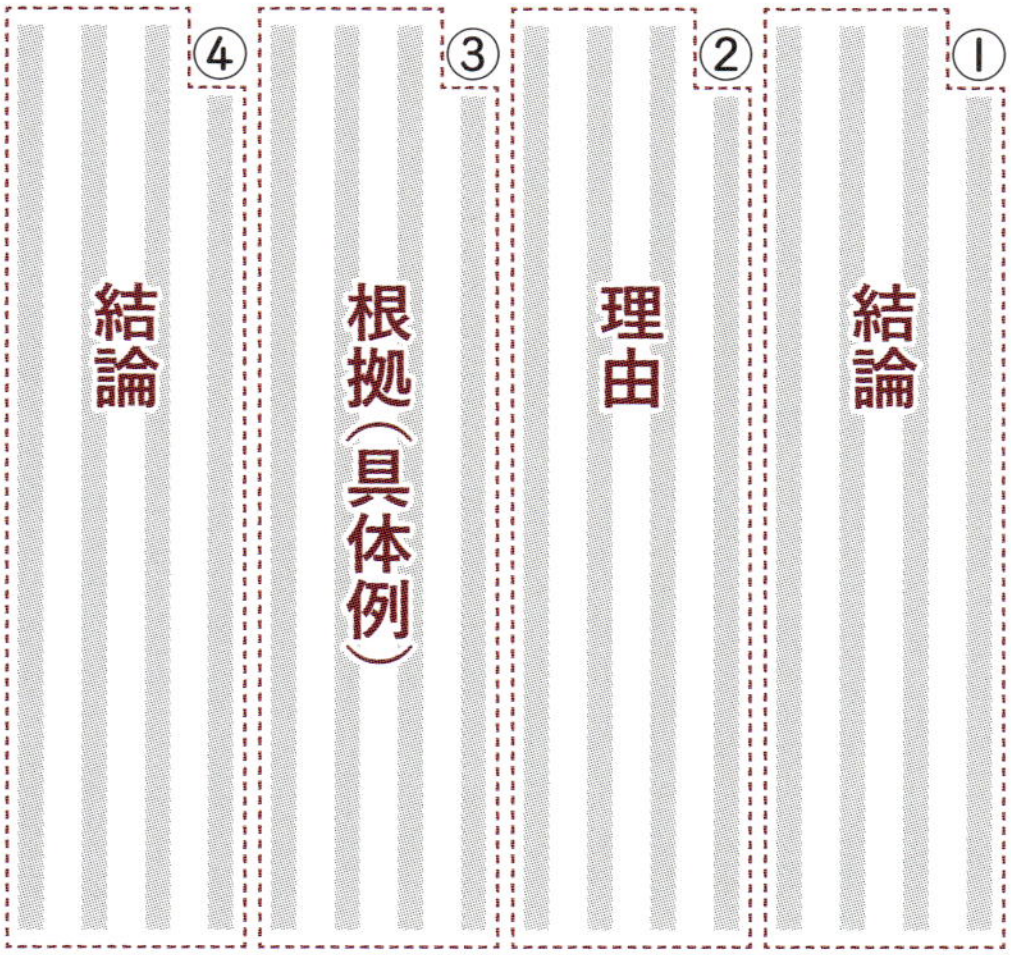

29 オキテ

内容一《いっ》致《ち》問題をまちがうと命取りと心得よ

なぜなら

最初の〝読みまちがい〟があとあとまで響《ひび》くからです

選択問題で、「本文の内容と合っているものを1つ選べ」という設問(内容一致問題)が出たら、絶対にまちがえてはいけません。なぜなら全ての問題はその問題の答えをふまえた問題だからです。たとえば、話の大筋が「**AはBである。BはCである。だからAはCである。**」という説明文の最初を、「AはBではない」と読みまちがえると、その段落に関する問題だけでなくあとの問題も「AはBではない」という頭で読んでしまい、正解できないのです。そうならないためには、これまで述べた「段落にわけて読む」「キーワードに印をつける」「文の構成(型)を知る」などの方法を使って文章の大筋をつかむことが大事です。**大筋がつかめていれば「ここに反論がくるのはおかしい」とか「こういう流れでこの結論がくるのはおかしい」**と判断ができるようになります。

内容一致問題をまちがえるということは、ほかの問題もまちがえている可能性が高い。正解でもまぐれかもしれへんで!

30 オキテ 一見難しそうな説明文を恐《おそ》れるな

なぜなら

実は意外に簡単だからです

入試問題に出される説明文は、比較的《ひかく》、論旨《ろんし》（言いたいこと）が明確かつ、論理展開もシンプルで、読みやすいことが多いです。が、ときどき専門用語が出てきたり、言い回しが難しくて読みづらい説明文が出されることがあります。それだけで長文が苦手な人はひるんでしまうと思います。しかし、それはもったいない！

なぜなら、そういう**専門的な説明文ほど、実は問題は簡単なことが多いのです。**内容、語彙《ごい》が難しいからこそ、作問者もひねった問題は出しづらく、「傍線《ぼうせん》部分は何を示しているか、本文から抜《ぬ》き出して書きなさい」とか「傍線部分を文中の別の言葉で言い換《か》えなさい」といった、シンプルな問題が多いのです。これまで学んだテクニックを使って大筋を理解すればそう苦労せずに解けるはずです。

一見難しそうな文体にだまされて、その問題を捨ててしまったらあかん！

31 オキテ 接続詞が理解のカギと知ろう

なぜなら 話の展開をつかむ超《ちょう》ヒントだからです

以前、本文の段落ごとに番号を打ち、文章内の接続詞を全部隠《かく》して生徒たちに読んでもらったことがあります。すると生徒たちは「内容が全く頭に入ってこない」「何を言いたいのかさっぱりわからない」と口をそろえました。さて、私はなぜこんなことをしたのでしょうか。

鋭《するど》いキミはもうおわかりですね。接続詞がどれほど大事かを知ってほしかったからです。**段落の頭に「しかし」とくれば、「この段落は前の段落と反対のことが書かれている」とわかりますし、「それに」とくれば「前の内容に並列する内容がくるな」とわかりますね。「つまり」とくれば「前の内容を言い換《か》える内容か、結論がくるはずだ」**とわかります。

でも、これらの接続詞がなければ、前の段落と後の段落との関係性がわからず、それぞれの段落は、情報の断片でしかありません。切れ切れの情報を読んでも「何を言いたいのかさっぱりわからない」ということになってしまうのです。

逆に、全く関連性のない情報の断片を、接続詞で無理やりくっつけるとどうなるでしょうか。実験してみましょう。

ここに4つの文があります。

- くやしくて仕方がなかった。
- お腹いっぱい食べた。
- 今日は朝から良い天気だった。
- 犬の散歩に行った。

これを無理やり接続詞でつなげてみましょう。

その1

今日は朝から良い天気だった。（だから）犬の散歩に行った。（しかし）くやしくて仕方がなかった、（それで）お腹いっぱい食べた。

やや意味不明ですが、なんだかストーリーが見えてきませんか？

ほかのパターンも考えてみましょう。

その2

お腹いっぱい食べた。（なぜなら）くやしくて仕方がなかったから。（それで）犬の散歩に行った。今日は朝から良い天気だった。

これもちょっと無理がありますが、さっきとは違《ちが》ったストーリーが見えてきますね。

要するに、接続詞は何をどこに使うかで、文章の流れや内容が全く変わってしまう。それだけ重要な役割を担っているのです。

コツ！

★「文中から2つ選べ」という問題があるなら、並立・累加《るいか》の接続詞が書いてある前後が答えの可能性が高い。

★「つまり」は、「これまで言ったことをわかりやすく説明しますよ」というサイン。前の意味がわからなくても、「つまり」のあとだけ読めばわかります！

★転換《てんかん》の接続詞を見つけたら、そこから話がぱっと変わるサイン！

【意識しよう】 接続詞は主に次の6種類がある！

接続詞	種類	はたらき
だから・それで・したがって	**順接**	前の内容を受けて自然な結果を示す
しかし・でも・ところが	**逆接**	前の内容と逆の結果を示す
そして・また・それから	**並立・累加**	並べる、または追加する
一方・それに対して・反面	**対比**	対立や比較《ひかく》を示す
なぜなら・というのは	**理由・原因**	理由や根拠《こんきょ》を説明する
ところで・ちなみに・さて	**転換**	話題を変える、または補足する
つまり・要するに・すなわち	**強調・結論**	強調・結論（結論や要点を示す）
たとえば・いわば・言い換《か》えれば	**例示**	具体例や補足説明を示す
もし・仮に・たとえ	**条件・仮定**	前提や条件を示す

★逆接の接続詞のあとは、筆者の主張がくることが多い。

32 オキテ 単語を読み飛ばしてはいけない

なぜなら

ムダな言葉は1つもないからです

長い説明文を見ると、「速く読まないと時間が足りなくなる!」と気持ちがあせり、斜《なな》め読みしてしまうというキミ、それでは作問者の思うつぼです。**作問者は、キミが「長文でも落ち着いて、大事なことを見落とさず、注意深く読める子か」を見ている**のです。テストは時間がないからこそ、正解を導く手がかりとなるような大事な言葉を読み落としてはいけません。

説明文にはムダな言葉は1つもありません。**どの言葉も、最後の結論に導くための手がかりであり伏線《ふくせん》**(意味は51ページを参照)なのです。だから、くれぐれも読み飛ばさないこと。

ボクはつねづね疑問に思っているのですが、なぜキミたちは英語の長文だと1つでも知らない単語があるとあせってしまうのに、国語の長文は単語の1つや2つ読み飛ばしても平気なのでしょう。「日本語なんだからざっくり読めばだいたいわかる」と思っているから？　でもね、作問者はキミのそういう気持ち、お見通しなんです。だから、適当に読んでいたら見落としそうなところから出題するのです。

　たとえば、同じ文中に「今日も○○だった」という言葉が何度も出てきて、最後だけ「今日は」になっていた場合、そのあとにくるのはどういう内容でしょうか。かしこいキミなら、「ずっと○○だったけど、このあと何か違《ちが》う展開があるのかもしれない」と気づくでしょう。でも、「同じような言葉が続くからどうせ次も同じだろう」と斜め読みしてしまう子は、「も」と「は」の違いを見落としてしまい、そのせいで、設問にうまく答えられないかもしれません。それこそ作問者の思うつぼなのです。

　くり返して言います。説明文の中にムダな言葉は1つもありません。くれぐれも大事な言葉を読み飛ばさないようにしましょうね。

読み飛ばしやすいところこそが、設問になりがち！
見逃したらあかんで

人の心を動かすゴールデンサークル理論

オキテ27で文章の型について説明しましたね。起承転結型とか結論先出し型とかいうあれです。もう1つ、キミたちに知っておいてもらいたい型があります。それは、Why（なぜ）・How（どのように）・What（何を）の順番で話す型。ゴールデンサークル理論といい、ビジネスの世界では、人の心を動かすプレゼンの型としてよく知られています。

iPhoneを発明したスティーブ・ジョブスという人は、自分の製品を紹介《しょうかい》するときに、このゴールデンサークル理論を使ったことで知られています。

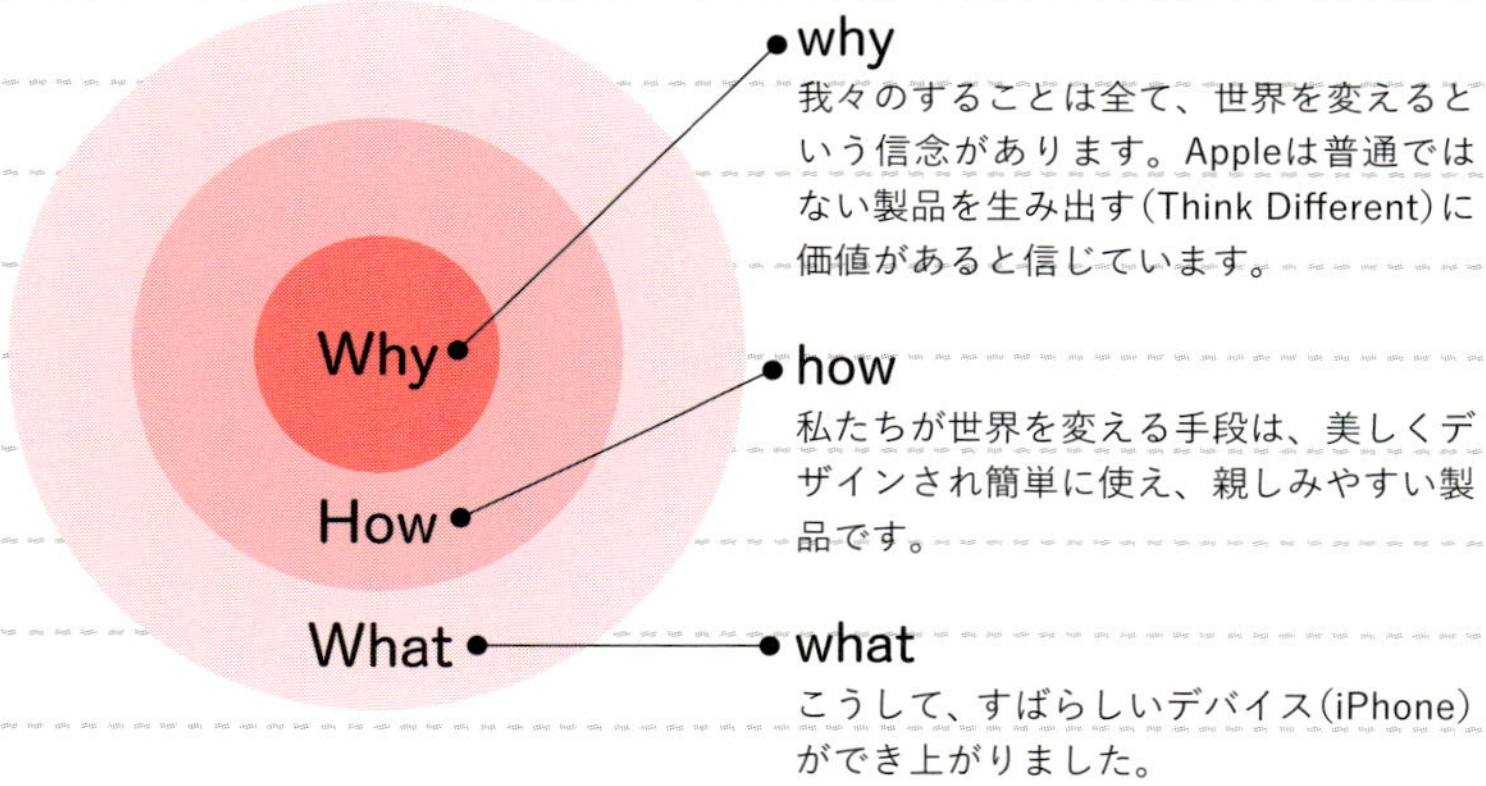

もし、ジョブスがプレゼンで、「私はこんなにすごい製品を作りました。こんな機能やあんな機能があって……」と、Whatから先に話し始めたら、多くの人の心をつかむことはできなかったのではないかと言われています。

人の心を動かすのは、その人がなぜそれをやりたいのかという「強い思い」なのです。キミも文章を書くときやプレゼンを考えるときに、ゴールデンサークル理論を使ってみてはどうでしょうか。

第4章

物語文の解答力を上げるコツ

この章では物語文でよく聞かれる登場人物の心情を読み解くコツや、解答力を上げるポイントを紹介します。

33 オキテ

まず設問文で登場人物をチェックしよう

なぜなら

設問文に出てくる人は必ず重要人物です

物語文のカギを握《にぎ》るのは登場人物です。彼《かれ》らの行動や感情の動きが設問で必ず問われますので、だれが重要人物か、性別や年齢《ねんれい》、職業、キャラクターなどを最初におさえておきましょう。

国語は、本文ではなく、設問文から読むことはオキテ10で言いましたね。登場人物も、先に設問文でチェックします。**設問文に出てくるということは重要人物である証**です。○で囲んでおきましょう。設問文に出てこない人は重要人物ではありません。単なるサブキャラなので、あとで本文を読むときもさらっと読む程度でいいでしょう。登場人物は、本文中で「彼《かれ》」「彼女《かのじょ》」「その人」など、違《ちが》う呼び方をされることもあるので、「この『彼』はAさんのことだな」と、理解しながら読みましょう。「彼」の横に「Aさん」とメモしたり、「Aさん」につけたのと同じマー

サブキャラに
まどわされず
主要キャラだけ
チェックしよう！

クをつけてもいいでしょう。

①「若奥様《わかおくさま》、これをお忘れになりました」
といいながら、羽被《はっぴ》の紺《こん》の香《にお》いの高くするさっきの車夫が、薄《うす》い大柄《おおがら》なセルの膝掛《ひざか》けを肩《かた》にかけたままあわてたように追いかけて来て、オリーヴ色の絹《きぬ》ハンケチに包んだ小さな物を渡《わた》そうとした。

②「早く早く、早くしないと出っちまいますよ」改札がたまらなくなって癇癪声《かんしゃくごえ》をふり立てた。

③青年の前で「若奥様」と呼ばれたのと、改札ががみがみどなり立てたので、針のように鋭《するど》い神経はすぐ彼女をあまのじゃくにした。葉子は今まで急ぎ気味であった歩みをぴったり止めてしまって、落ち付いた顔で、車夫のほうに向きなおった。

——有島武郎《ありしまたけお》作『或《あ》る女』より

若奥様、彼女、葉子は同一人物ということがわかるかな？
青年は葉子と知り合いのようだ。車夫や改札はサブキャラだな、とわかるかな？

34 オキテ 会話の話し手はだれか確認しながら読もう

なぜなら

名前が書かれているとは限らないからです

物語文の中には、会話文だけで話が進んでいくことがあります。会話文とは、「　」で囲まれている文のことですね。こういう文章を読み取るときに、**「このセリフはだれが言ったか」をしっかり頭に入れながら読む**ことが重要です。

会話文の前や後に、話し手の名前が書かれていれば問題ないのですが、いちいち名前が書かれていない場合は自分で「これは○○さんの発言だな」と確認してメモをしながら読みましょう。そうしないと、「あれ？これはだれの発言だっけ？」とわからなくなります。特に登場人物が多い場合は要注意です。

話し手がだれかこんがらがってしまうと話の内容も理解しづらくなります。それこそ作問者の思うつぼ。なぜなら、作問者は気を抜《ぬ》くと読みまちがえそうなところを敢《あ》えて問題にしたがるからです。

会話文の中に「オレは」「僕は」という発言があれば性別はわかりますね。「Aさんは…」という言葉があれば、それはAさん以外の人の発言だとわかります。同じ「Aさん」さんのことを「委員長」と言ったり、「あの人」「彼《かれ》」などと言う場合もあるので、「これはだれのことを指すのか」と、話の前後から判断してその人の名前を横にメモしておきましょう。面倒ならイニシャルや最初の1文字でもOKです。それだけでかなり読みやすくなります。

コツ!

会話文から、その物語がいつごろの時代の話か、話し手は子どもなのか大人なのか、どういう性格の人なのか、登場人物の人間関係もわかることがあるよ。

【時代】

- 例「お膳《ぜん》を並べてくださいな」（昭和初期の物語）
- 例「配給の米も今日は少しばかり足りません」（戦中の物語）

【年齢や性】

- 軽い調子の話し方➡年齢《ねんれい》が若い人、明るい人柄《ひとがら》
- 重々しい話し方➡年齢が上の人、おとなしい人

【人間関係】

- ていねいな言葉づかい➡それほど親しくない関係
- くだけた言葉づかい➡親しい関係

だれがどんな発言をしているか、しっかり整理しながら読まないと、解答を大きくまちがえてまうで〜！

35 オキテ 登場人物の心情には印をつけるべし

なぜなら

そこ、必ず問われるからです

本文を読むときには、登場人物の心情を表すところに印をつけながら読みましょう。なぜなら、心情は必ず設問で問われるからです。

特に、**心情の変化には要注意**です。たとえば、主人公の気持ちが「喜び」から「悲しみ」に変わったとき、「不安」が「安心」に変わったときなど、**大きな心情の変化は物語の山場**でもあります。設問でも、なぜ心情が変わったのか、そのきっかけが問われることは非常に多いです。また、**「しかし」「ところが」などの接続詞は、心情変化の合図になることが多い**ので、注意しておきましょう。

悲しい、うれしいという言葉を使わずに心情を表すこともあります。たとえば「胸が高鳴った」「言葉に詰《つ》まった」「ため息をついた」などの間接的な表現や、「足取りが重かった」「小躍《おど》りした」などの動作にも心情が表われていますね。ほかにも、会話文で登場人物が口にする言葉や言い方から心情が読み取れることもあります。

それらは物語を理解するカギでもあり設問にも取り上げられやすいところなので、読み落とさないようにしましょう。

「空は晴れわたっていた」「暗雲が立ち込めていた」などの表現で、主人公の心の状態を表現することもあります。こういう表現も要チェックです。ボクはこんな表現こそが日本語の面白さだと感じています。

心情に関する設問でたとえば「主人公はなぜ驚《おどろ》いたか理由を答えなさい」と問われた場合は、「驚いた」と書かれている箇所《かしょ》の前後に必ず根《こん》拠《きょ》となるできごとがあるはずなので、それを見つけ出すこと。キミの意見や感想が問われているわけじゃないことを忘れずに。

「変化」があれば必ず
理由や、きっかけ、
何が変わったかが
問われるで〜！

36 オキテ 時間、場所の変化に注目せよ

なぜなら 必ず何かが起こるからです

本文を読むときは、時間や場所の変化に注意をして読みましょう。なぜなら、**時間や場所が変わるときは、必ず物語が急転換《てんかん》するような何かが起こる**からです。そして、作問者はそういうところから問題を作りたがるからです。

時間の変化は、「次の日」「1カ月後」「夜が明けた」「新しい年が始まった」などの言葉が必ずあるからわかりやすいでしょう。ほかにも「桜の季節がやってきた」「梅雨が明けた」「蝉《せみ》が鳴き始めた」などの言葉で時間の変化を表すこともあります。

場所については、そこは家の中なのか外なのか、学校か、お店か、路上か、なにかしら場所についての描写《びょうしゃ》があるはずです。

とくに、夏の夜に何かが起こる確率が大なので、夏の昼から夜の変わ

心情だけでなく、時間は場面の変化も国語ではよく問題にされるところやで！

り目には要注意です。
時間や場所が変わったところには、印をつけ、その前と後で、物語の展開がどう変わったか、主人公の心情や行動にどんな変化があったかがわかる箇所《かしょ》があれば、そこにも印をつけましょう。そこは絶対設問で聞かれるところです。

変化を表す表現

時間
「それから三日間が過ぎた」「夜が明けた」
「夕食を終えて…」「その日の午後」

季節
「積もった雪が溶け始めるころ」
「満開だった桜が散り始めた」

場所
「学校の外は夕闇《やみ》に包まれていた」
「外に出ると雨が降っていた」
「ドアを開けると信じられない光景が広がっていた」

37 オキテ 登場人物を身近な人に置き換《か》えよう

なぜなら **情景がイメージしやすくなるからです**

物語文を読むのが苦手な人は、**登場人物を身近な人に置き換え読んでみてください**。家族、友達、学校の先生でもいいですし、マンガのキャラクターでもかまいません。文字だけで読んでも内容が頭に入ってこないという人には特におすすめです。

たとえば、体格が良くて学生時代は柔道《じゅうどう》をやっていたという主人公なら体育の先生を当てはめる。物静かで優しい主人公なら保健室の先生を当てはめるなど。

身近な人を当てはめて物語文を読むと情景が頭に浮《う》かびやすくなります。頭の中で登場人物が動き出すような気がしてくるでしょう。「この人だったらこう考えたりするかも」と心情も理解しやすくなるかもしれません。

主人公は、
沈着《ちんちゃく》冷静な
ボク。
主人公の
女友達は、
活発な
H美さん。
主人公の
ライバルは、
悪知恵が得意なSくんを
当てはめれば、
場面がありありと
浮かんでくる！
フフッ
テレビやアニメの
登場人物に置き換え
てもいいよ！
カキカキ

38 オキテ

物語をイメージ化して解釈《かいしゃく》しよう

なぜなら

視覚的に理解がしやすくなるからです

以前、読書感想文を書くのがとても苦手な生徒がいました。この子は、本を読んでもなかなかその内容が頭に入ってこないらしいのです。多分、そういう子には、**文字からでは具体的な場面がイメージできない**からだと思います。そうめています。アニメ化とかドラマ化された本の感想文を書くようにすすめています。アニメやドラマを先に見てから本を読めば、内容が簡単に理解できて、感想も書きやすくなるからです。文字に対する苦手意識を取り除く練習にもなりますね。

国語の長文問題も、ドラマになっていたら一生懸命《いっしょうけんめい》読まなくても内容がわかって便利なのですが、そうはいきませんよね。だから、長文問題が苦手な人には自分で脳内ドラマ化できるように練習することをおすすめします。文章を読むときに、ただ文字を目で追うのではなく、**ドラマ**

やアニメを字幕ありで観るように脳内でイメージするのです。そうすれば、文字と映像が一致《いっち》しやすくなり、いざ文字だけの問題を解かないといけないとなったときも映像が思い浮《う》かびやすくなります。文字で読むとさっぱりイメージできなかった情景描写《びょうしゃ》も、頭に浮かびやすくなります。

「そんなこと言われても全然映像が浮かんでこない」というキミには、おすすめの練習法があります。好きな歌を動画なしで音だけで聴いて、その歌詞に書かれた情景を頭に思い浮かべるのです。そのあと、答え合わせのつもりで歌のミュージックビデオも見てください。どうですか？　自分が思い浮かべていた場面に近かったですか？　最初は難しくても、だんだんイメージが浮かぶようになってきますよ。

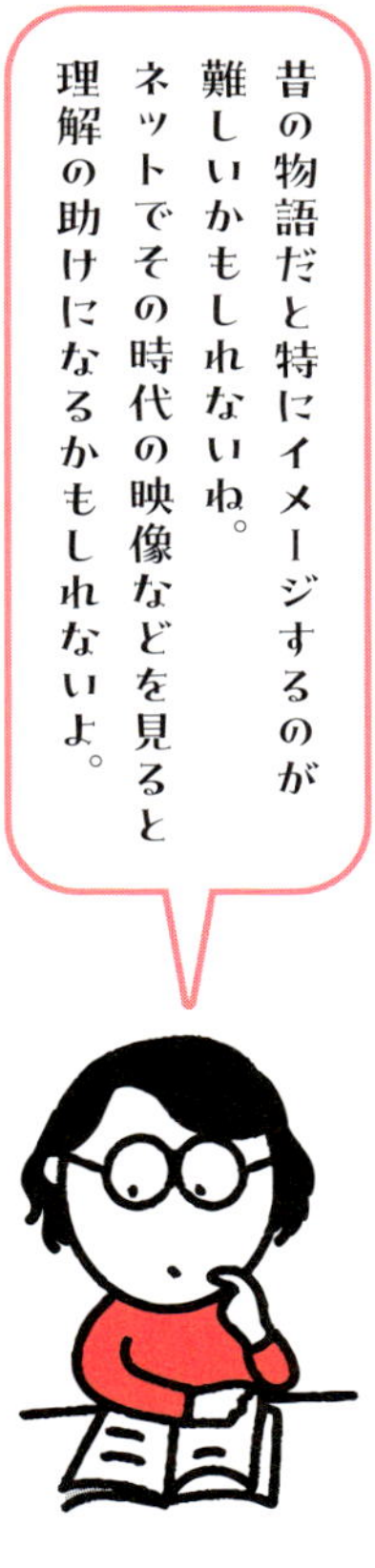
昔の物語だと特にイメージするのが難しいかもしれないね。ネットでその時代の映像などを見ると理解の助けになるかもしれないよ。

39 オキテ 心情がわからなければ行動を見よ

なぜなら

情景か心情か行動のどれかが必ず問われるからです

物語文には必ず登場人物がいます（人間ではなく動物のこともありますが）。そして、物語文は、①登場人物を取り巻く背景（情景）、②登場人物の心情、③登場人物の行動という3つの要素で構成されています。

国語の問題では、たいてい、①情景か、②心情か、③行動のどれかについて問われます。たとえば、①と③はわかっていて、「そのとき主人公はどんな気持ちだったか」というような設問です。

手がかりは、①情景や、③行動の中に必ずあります。そういう意識で本文を読むと、おのずと答えが見えてきます。

本文を読むときは、情景は波線、心情は二重線、行動は太線というように、あとから見てわかるように印をつけるといいでしょう。だれの心情や行動かわかるように、主語は□で囲んでおきましょう。もし情景について聞かれたら波線のところを探せばいいですし、心情を聞かれたら二重線のところを探せばいいのです。

ところで、日本語の文章では主語が省略されることがよくありますが、前後の文を読むと「主語はこの人だな」とわかるはずなので、自分で**主語をメモ書きしておきましょう。**主語がわからないまま読み進めるとわけがわからなくなってしまいます。

実はこのときも、オキテ38で述べたように脳内ドラマ化ができると「主語がないけど今話しているのはAさんだ、今振《ふ》り向いたのはBさんだ」というようにイメージが浮《う》かんでわかりやすくなります。オキテ37で述べた、身近な人を登場人物に置き換《か》える方法も使えますよ。

物語を脳内で
イメージ化できると、
かなり理解しやすく
なるよ！

40 オキテ
「よい子」の気持ちになって解くべし

なぜなら

オトナの理想とする子どもが考えそうなことが正解になるからです

国語のテストにキミたちが好きな『かいけつゾロリ』が出ることはありません。なぜだか理由を考えたことはありますか?

『かいけつゾロリ』は、主人公のゾロリが子分とともに修行の旅に出て、行く先々でドタバタを繰《く》り広げる楽しい物語ですが、「う○こ」「おなら」など、あまりお上品ではないワードやギャグが多く、ゾロリの行動も、〝よい子にはまねしてほしくない〟というものが満載《まんさい》です。そのため〝子どもには適切ではない〟と考える大人もいます。

オキテ4でも言いましたが、入試問題にはその学校の「こんな子にきてほしい」という想いがにじみ出ているものです。『かいけつゾロリ』のような、〝よい子には読ませたくない物語〟を読む子よりも(作者の原ゆたかさん、ごめんなさい)、重松清《しげまつきよし》さんとか森絵都《もりえと》さん、瀬尾《せお》まいこさんの本を読むような、大人の考える〝よい子〟に来てほしいと考える学校のほうが多いに違《ちが》いありません。だから、『かいけつゾロリ』がテストに出ることはないのです。

もちろん、テストに出る、出ないにかかわらず好きな本を読んでかまわないのですが、国語のテストのときは、**出題者の好む生徒像というのを理解して、そういう子ならどういうふうに答えるかな、と考えてみてください**。そう、大人が考える「よい子」の気持ちになって考えるのです。

たとえば中学入試問題は、12歳《さい》の子どもに大人の気持ちを考えて答えさせるという、いわば無茶ぶり問題です。そこを「入試なんだから仕方がない」とわりきって、作問者（保護者さんと言い換《か》えてもいいでしょう）が、どんな答えを書かせたいのかと、考えてみましょう。

その人たちが理想とする〝よい大人〟ならどう考えるか、という思考回路で考えてみると、案外たやすく正解がみつかるかもしれません。大人の思惑を知って、その上手をいくのがキミのめざす道です。

「大人はきっとこう答えさせたいんだな」という思考回路を持つと正解しやすくなるよ！

天気や季節の変化、自然に注意を向けよう

物語文で、情景描写《びょうしゃ》を読んでイメージするのが苦手なキミは、普段《ふだん》の生活の中で、天気の変化や季節の変化をちょっと意識してみよう。たとえば真っ青な空に白い入道雲がもくもくと広がっていたら「夏だな～」と思ったり、うろこ雲を見て「秋だな～」と思ったり。「あ、これから雨が降る！」というときの土のにおいを感じたり。

「寒い」と言われたらキミはどんな寒さを想像しますか？ 風がビュービュー吹く寒さ、凍《い》てつくような寒さ、いろいろありますよね。ボクの住んでいるところはよく雪が降ります。だからボクは、「この寒さは雪が降るな」とか「寒いけど雪は降らないな」というのがなんとなくわかります。キミにもそんなことはありませんか？ 周りの自然にも目を向けましょう。季節ごとの花を楽しんだり、川の水に手を入れたときの冷たさを感じたり、樹々の葉っぱが風に揺《ゆ》れる音に耳をすましてみましょう。

実際に体験してみると、文章を読んだときに情景が目に浮かんできたり、においや感触《かんしょく》がよみがえってくるかもしれません。

いろいろな経験をして、感性を豊かにし、表現の引き出しを増やしていきましょう。

第5章
記述問題の解答力を上げるコツ

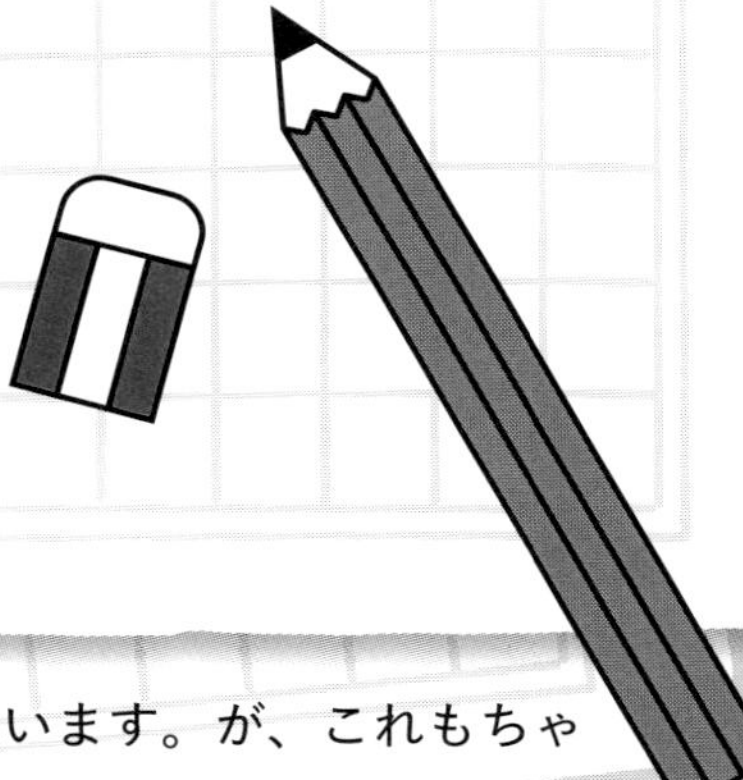

記述問題が苦手な人は多いと思います。が、これもちゃんと攻略《こうりゃく》法があります。「何文字以内で書きなさい」などの指示を守ることはもちろんですが、その指示に隠《かく》れているヒントに気づきましょう。記述問題は減点式ですから、むだなミスをしないこともポイントです。

41 オキテ

だれが読んでもわかる文字を書こう

なぜなら

雑な文字では採点者もいやになるからです

記述問題で絶対にしてはいけないのは、「雑な文字」を書くこと。「え？大事なのは正解することでしょ、文字くらい、いいんじゃないの？」と思っているキミ、ちょっと採点者の気持ちになって考えてみてください。採点者は何百、何千人もの生徒のテストの採点をしなければならないのです。**読みづらい雑な文字で書かれていたら読む気になれると思いますか？　薄《うす》い文字や小さい文字もダメです。**こんな答案を何百枚も見ていたら目が疲《つか》れていやになります。

入学試験は、受験者を落とすための試験でもあります。読みづらい文字を書くような生徒まで合格させてあげようという優しい採点者はいないと考えたほうがいいでしょう。

知り合いのある先生に「文字が雑な答案ってどうします?」とこっそり聞いたら「読まないで×にする」と言っていました(!)。こんな先生ばかりではないと信じたいですが、こういう先生もいるということは知っておいたほうがいいでしょう。

上手でなくてもいいですが、ていねいに、濃《こ》く、読みやすい文字を書きましょう。問題を解くのに必死でそれどころではないかもしれませんが、「とにかく書いてりゃいいんでしょ?」という気持ちで書くのと、「どうか私の解答を読んでください」という気持ちを込《こ》めて書くのとでは、文字も違《ちが》ってくるはずですし、採点者にもその気持ちは伝わります。ていねいに書いたからといって、かかる時間はそれほど変わりません。むしろまちがった字を消さなくていいので速くなります。

単に読みやすさの問題だけではありません。ていねいな文字を書く子は、生活態度や学習態度もきちんとしているだろうな、こういう子にきてほしいなと、学校側も思うのではないでしょうか。だとしたら、「たかが文字くらい…」とは決して言えませんよね。

本番だけていねいに書こうと思ってもできないから、普段《ふだん》から気をつけてね!

42 オキテ 設問の指示はきちんと守ろう

なぜなら 守らなければ絶対に満点は取れないからです

設問に、「○○字以内で書きなさい」とか「文章中の言葉を使って書きなさい」などの指示があれば、必ず守りましょう。

特に気をつけたいのは文字数制限です。「30文字以内で書きなさい」とあるのに10文字や15文字しか書けなかった、では絶対にダメです。25文字でももしかしたら正解にはならないかもしれません。なぜなら、25文字で書けるなら最初から「25文字以内で書きなさい」という設問になるはずだからです。「30文字以内で書きなさい」の本当の意味は、「正解を書こうと思ったらだいたい30文字くらいは必要だよ」なのです。だから、30文字ぴったりか、27、28文字くらいにはなるはずなのです。

逆に文字が多すぎたらどうなのでしょうか。**記述問題の採点は基本的に減点方式ですが、**1文字でもオーバーしたら即0点です。スポーツで

内容は合っているのに指示を守っていなくて×、というのはもったいない。
絶対にアカンで！

言えば失格ということですね。とてももったいない！　**絶対に文字数は守りましょう。**

記述問題の採点はこうなっている！

記述問題は減点方式が基本です。たとえば8点満点で「〇〇について30文字以内で書きなさい」という問題の場合。30文字以内ということは、正解には2つのキーワードが含《ふく》まれている必要がある（理由はオキテ44参照）。

採点例

- 1つしかキーワードが含まれていない
  ➡ 2～3点減点
- 15文字以下しか書かれていない
  ➡ 3～4点減点
- 漢字がまちがっている
  ➡ 1文字につき1点減点
- 設問内容と答えがずれている ➡ 0点
- 文字が汚《きたな》くて読めない ➡ 0点
- 30文字以上書かれている ➡ 0点

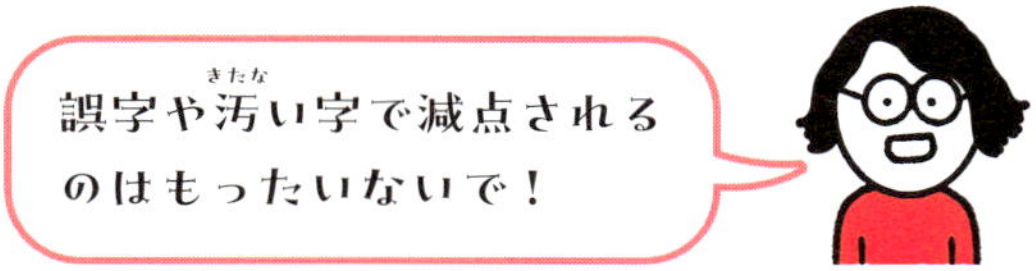
誤字や汚《きたな》い字で減点されるのはもったいないで！

43 オキテ

1文は30文字以内で書こう

なぜなら

長すぎると何が何だかわからなくなるからです

文章を書かせると、１文がやたら長い子が必ずいます。たとえば次の文を見てください。

「昨日学校に行ったら教室の中がざわざわしていて、何だろうと思って見て、友達が集まって話していて何の話かと聞いて、先生が急病で学校にこられなくなって、今日の授業は代わりの先生がやるかもしれないということだったからどうしようと思った。」

なんと１１４文字もあります。１文が長すぎると、読んでいるうちに何の話だったか忘れてしまい、「結局何が言いたいんだっけ？」となってしまいます。実は書いている人も忘れていたりします。

基本的に**①1文は25文字から30文字以内にすること。②1文にあれもこれも内容を詰《つ》め込《こ》まず、1文1テーマとすること。**この２つを守りましょう。

このルールにのっとってさっきの文を書き換《か》えると

「昨日学校に行ったら教室の中がざわざわしていた。何だろうと思って見ていたら、友達が集まって話をしていた。どうやら先生が急病で学校にこられなくなったようだ。だから、今日の授業は代わりの先生がやるかもしれないということだった。」

となります。このほうが断然わかりやすくないですか？

短い文と文をつなげるときにポイントとなるのが接続詞です。例文では「だから」が使われていますね。「だから」は、前のことがらを受けて、それを理由としてあとの事柄《ことがら》を説明するときに使う接続詞です。

接続詞は「だから」（理由）、「そして」（順接）、「しかし」（逆接）、「また」（並立・累加《るいか》）などがあり（オキテ31参照）、**前の文と後の文の関係を明らかにする**働きがあります。だから、1文を長くするよりも、短い文を接続詞でつなげたほうが、わかりやすくなるのです。

1文を短くするだけで、作文も上手になるよ！

44 オキテ

記述問題は15の倍数で考えるべし

なぜなら

「キーワードは15文字に1つ」が原則だからです

記述問題では、作問者が「これだけは入れてほしい」という**キーワードをもれなく入れることが重要**です。では、どのぐらいキーワードを入れたらいいのでしょうか。目安となるのが15文字という文字数です。**15文字に1つキーワードを入れるのがポイント**なのです。

もし、記述問題で「主人公の心情を15文字以内で書きなさい」と問われたのであれば、キーワードが1つ入っていればOKです。30文字で書きなさい」なら、「キーワードを2つは入れてね」というのが作問者からのメッセージです。

たとえば、主人公の気持ちを「15文字以内で書け」なら「くやしくてたまらない気持ち（13文字）」でOK。キーワードは「くやしくてたまらない」の1つですね。「30文字以内で書け」なら、「くやしくてたまらないので、絶対見返してやろうという強い気持ち（30文字）」。キーワードは「くやしくてたまらない」と「絶対見返してやろう」の2つですね。**「30文字以内で書け」と言われたときにキーワードが1つだけだったら、減点**になります。**設問には、キーワードを2つ入れろとは書いていませんが、そこを察して2つ入れるのが解答力アップの超《ちょう》大事なポイントなのです。**文字数制限がない場合は、自分で文字数をカウントして、50文字ならキーワードは3つ、80文字ならキーワードは5つ入れようと意識して書いてください。

ところでキミは、記述問題は長く書けば書くほど点数がもらえると思っていないでしょうか？　そんなことはありません。

記述問題は加点法ではなく減点法で採点されるので、**ムダに長く書いて文字や漢字をまちがうなどの減点のネタを作るほうが危険**です。もし「30文字以内で書け」と言われているのにキーワードが1つしか見つからずに時間切れになったら、その1つだけはきちんと書いて、そこで止めるほうが得策なのです。

わからないのに
マスを埋《う》めようとして
無理に長く書くと
減点のリスクが
高くなるよ。

45 オキテ

要約問題は、まずキーワードを探すべし

なぜなら

キーワードをつなげば答えになるからです

記述問題では、「本文の内容をふまえてあなたの意見を書きなさい」という設問がよく見られます。自分の意見は何を書いてもまちがいにはならないのでいいのですが、注意すべきは「本文の内容をふまえて」というところです。**作問者はこれでキミのどんな力を見たいのでしょうか。それは、「キーワードを素早く正確に抜《ぬ》き出す力」、言い換《か》えれば「要点を見抜く力」です。**

まず本文を読んでみましょう。「あ、これが大事なことだな」と思うキーワードを抜き出してください。それをつなげて無理やり文章を作れば、本文の要点が書けます。

たとえば、「失敗」「あきらめない心」「成長」というキーワードが見つかったとしましょう。これをつなげるとこうなります。

「作者は、大きな失敗をしましたが、あきらめずに努力を続けたことで成長できたと述べています。」

このように、キーワードをつないで本文の内容を要約し、そのあとに自分の意見をつなげればいいのです。本文の内容に賛成なら、「私も同感です。」、反対なら「しかし私はそうは思いません。」と続けて、このあと、「なぜなら、」と理由を述べれば、解答としては十分です。

文字数制限がある場合は、なるべくその文字数に近いところまで書きましょう。**「80文字以内」であれば、少なくても76文字くらい、「100文字以内」であれば、96文字くらいを目指しましょう。**条件の文字数の9割前後なら問題ないでしょう。

文字数制限はわずらわしいと思うかもしれませんが、実はわざわざ文字数制限をしていてくれるのはとても親切なのです。「これを書いてね」という暗黙《あんもく》のメッセージが隠《かく》れているのですから。

キーワードを見つけて
つなげばいいと
思えば、要約問題も
簡単だ！

46 オキテ

何を問われているかをしっかり理解しよう

なぜなら

聞かれたことに答えなければ絶対に正解できないからです

記述問題に限りませんが、問題を解くときは「この問題では何を問われているのか、何を答えるべきか」をしっかり理解してから取り組みましょう。「そのくらいわかっている」と思うかもしれませんが、意外とミスをしてしまうものです。

設問で**「理由を書きなさい」と問われたら、「〇〇だから」「〇〇なので」と答えなければいけません。**もちろんキミたちはそのくらい知っていますよね。でも、たまに「〇〇なこと」と書いてくる子がいます。「え？理由じゃなくてできごとについて問われたの？」と思いますよね。答えから逆算して思い浮かぶ問いがずれていたら、それは絶対にまちがいです。

「主人公はどんな気持ちでしたか？」と聞かれた場合は、どう答えたらいいでしょうか。「○○な気持ち」と答えるべき、というのはわかりますね？　では○○のところをどう書くかですが、前項でも述べたように、本文の中からキーワードを拾いそれをつなげて文章にすればいいのです。たとえば、「うれしい」「友達」「喜べない」なら「うれしいけれど友達に気を使って素直に喜べない気持ち」という感じです。まちがってもキミが思ったことを書いてはいけません。キミの意見が聞かれているわけではないからです。

また、「主人公の気持ちにどのような変化がありましたか？」という設問があったとしたらどう答えるべきだと思いますか？

たとえば、「以前は××な気持ちだったが、○○がきっかけで△△な気持ちに変化した」のように書くべきですね。もし「△△な気持ち」だけ書いたとしたら×です。なぜなら「気持ちの変化」を聞かれているのに、変化について書いていないからです。

問われていることに対してもれなく答えていなければ、絶対に正解にはなりません。こんなまちがいをしないために、設問で「何を問われているか」をしっかり確認しましょう。

理由を聞かれたら、ちゃんと「○○だから」と答えてる？
見直しポイントやで！

47 オキテ

設問の条件をもれなくクリアしよう

なぜなら

1つでも抜《ぬ》けると減点対象だからです

記述問題の例を見てみましょう。ある私立高校の入試問題を一部を変えて紹介《しょうかい》します。

以下の条件に従って解答しなさい。

条件① あなたの得意なスポーツ、好きな動物、苦手な食べ物を書きなさい。

条件② ①の理由をそれぞれ説明しなさい。そのとき、好きな動物のことが一番印象に残るように工夫して書きなさい。

《解答例》

私が苦手な食べ物はトマトです。種のところのぬるぬるした食感がきらいだからです。得意なスポーツは野球です。小学校のころからリトルリーグで練習をしてきたからです。好きな動物は犬です。私の家ではコロという犬を飼っているのですが、学校から帰るといつもコロがしっぽを振《ふ》って出むかえてくれてとても幸せな気持ちになるからです。

《力磨の解説》

「3つのものを書いてそれぞれ理由を書く」という、設問の条件をちゃんと満たしていますね。「一番印象に残るように工夫する」という条件についてはどうでしょうか。

設問はスポーツ、動物、食べ物の順で書かれていますが、この順で書けとはどこにも書かれていません。これは〝ひっかけ〟だと気づきましたか？　この解答者は、好きなもの（犬のコロの話）を一番最後にもってきたことで、「印象に残る」という条件をクリアしています。心温まるエピソードをうまく盛り込《こ》んだのもさすが！　文句なしの模範《もはん》解答ですね。

「一番印象に残るように工夫して」というのがこの問題のキモだね。どうやったらいいかな？

しかし、これはかなり優秀な子の解答です。こんな完璧《かんぺき》な解答ができる人はそんなにいません。

もっと簡単な方法をこっそり教えましょう。得意なスポーツ、好きな動物、苦手な食べ物とその理由を一通り全部述べてから、「そして、この中で一番私が伝えたいのは○○です。」と書いて終わりにするのです。これでも条件①はちゃんと満たしていますし、ちょっと無理やりな気もしますが、条件②も満たしています。

設問は、「条件に従って解答せよ」と言っていますが、「上手な文章を書きなさい」とは言っていません。だからこの解答でもOKなのです。

もう1つ、秘密のコツを教えましょう。もし、設問が「あなたの考えを書きなさい」なら、いろいろなことを書いて最後に「〜と、私は考えます」と書けば、よほど変なことを書かなければ正解のはずです。

「条件さえ満たせばいい」と考えれば記述問題も恐《おそ》れるに足らずです。

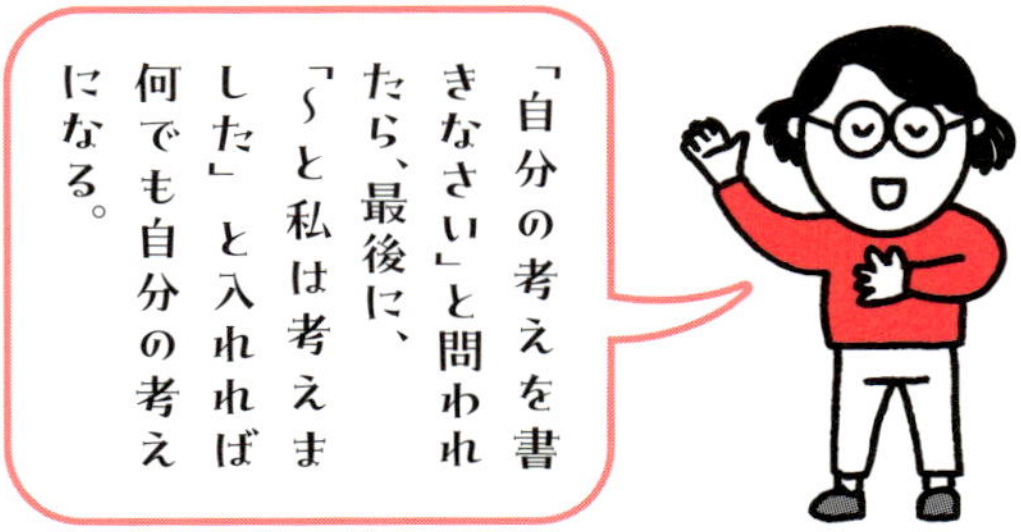
「自分の考えを書きなさい」と問われたら、最後に、「〜と私は考えました」と入れれば何でも自分の考えになる。

48 オキテ 長文の記述問題は最初に構成を考えよう

なぜなら

いきなり書き始めるとドツボにハマるからです

記述問題で「140文字で書きなさい」「600文字で書きなさい」など、長めに書かせる問題が出ることがあります。国語のテストとは切り離《はな》して小論文として出題されることもあります。

こういう場合に**あせっていきなり書き始めてはいけません**。絶対いけません！ 必ず行きづまってドツボにハマるからです。

まず、**何を書くかアイデアを考えましょう**。「このことを書こう」と決まったら、**次に構成（型）を考えます**。型についてはオキテ27でも述べましたね。小論文の場合は、⑴起・承・転・結型か、⑵結論先出し型で書くことが多いと思います。

⑵結論先出し型なら、①結論、②理由、③具体例、④結論の順になります。仮に結論先出し型で書くとしたら、①②③④でそれぞれ何を書

くかを考えます。②の理由や③の具体例はいくつ入れるのか、文字数によって調整します。

そこまで決まれば**あとは型にはめ込《こ》んで書くだけ**です。

時間配分でいえば、たとえば50分の小論文テストなら、最初の5分でアイデアを練り、次の10分で構成を考え、残り35分で書くという感じでしょうか。

周りの人がカツカツと音を立てて鉛筆《えんぴつ》を走らせていると気持ちはあせるかもしれませんが、**最初の15分は必ずシンキングタイムを持つこと。**いきなり書き始めて、あーでもないこーでもないと悩《なや》むよりも結果的には早くそして良いものができるはずです。


【意識しよう！】

① 何について書くか考える（5分）
② 型を考えて、各段落に何を書くか考える（10分）
③ 考えた内容に沿って書く（35分）

【小論文の書き方】

《設問》あなたの好きなこと（もの、人でも良い）を200文字以内で好きな理由もふくめて紹介《しょうかい》してください。

いきなり書き始めずに、構成を考えよう！

① 何について書くか？

例 ダンス

② 各段落に何を書くか？

例 **起**＝（結論）私が好きなのはKpopダンスです。

承＝**なぜなら**（理由）友達が習っている・発表会を見てカッコいいと思った・自分も習ってステージに立ちたいと思った

転＝**ところが**（挫折《ざせつ》体験）振《ふ》りつけテンポが速くてみんなについていけない・自分には無理かも・何度も練習して1曲踊《おど》れるようになった・みんなと動きがそろったときの感動が忘れられない

結＝**だから**（結論）これからもダンスを続けたい。

構成を考える時間がもったいないと思うかもしれないけど、だいたいの内容が決まってから書くほうがすらすら書けて結局時短になるよ。

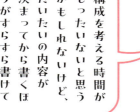

小論文が苦手なキミへ

記述問題や、小論文が最初から得意な子はあまりいません。上手になるコツは、何回も書くこと。やみくもに書くのではなく、オキテ 48 で紹介《しょうかい》した手順で、型を使って書くようにしてください。だんだん慣れて上手に書けるようになります。

「書くことがない」という子もいますね。たとえば「中学校時代にがんばったことは何ですか？」は小論文の定番のテーマですが、「特にない」という子は多いです。でも、キミは「べつにこの程度のことがんばったと言えない」と思っても他人から見たらすごいことってきっとあるはずです。小さなことでもいいのでテーマを見つけましょう。見つかったら、次に、「なぜ？」「どんなふうに？」「それはなぜ？」「なぜ？」と突《つ》き詰《つ》めていきましょう。自分で自分にインタビューするイメージです。インタビューへの答えが「書くこと」になっていきます。

たとえば、「野球をがんばった」「どんなふうに？」「家に帰ってからも筋トレやランニングをした」「それはなぜ？」「試合に出たいから」「なぜ？」「みんな強い人ばかりでなかなか試合に出られないけど、中学時代に何か結果を出したいから」というように。自分でも思いもよらなかったネタが眠《ねむ》っているかもしれません。

第6章
国語の解答力を上げる生活習慣

国語に関しては、机に向かっている時間だけが勉強時間ではありません。普段《ふだん》の会話も解答力アップの修行の場です。なんとなく無意識にすませている会話をちょっと意識してていねいにするだけで、キミの語彙《ごい》力や表現力がアップしますよ。

49 オキテ 会話で解答力を鍛《きた》えよう

なぜなら

きちんと答える習慣が表現力を磨《みが》くからです

キミは、家で保護者さんから「今日、学校どうだった？」と聞かれて、「別に」「フツー」「ビミョー」とかの単語で返事をすませていませんか。わかります！　ボクにもそんな時期がありました。しかしもし、国語の解答力を上げたいのならそういう〝雑な会話〟は封印《ふういん》しましょう。なぜなら、普段《ふだん》の会話は国語の問題を解くのと同じようなものだからです。

相手からの問いかけは、国語の問題で言えば「設問」です。正解しようと思ったら、「相手は何を聞きたいんだろう」と考えて、相手が満足するような答えを返さなければいけません。「別に」とか「フツー」だけでは部分点ももらえないかもしれませんよ。

保護者さんはキミが今日一日楽しく過ごせたのかどうか。つらいこと、困ったことがあったら聞かせてほしいと思って「今日、学校どうだった？」と聞いたのでしょう。いわばこれが作問者の意図です。
であれば、それに対する答えは、「今日も、いつもと同じように楽しかったよ」とか「今日はちょっといやなことがあったよ」となるはずです。それに加えて「特に楽しかったのはね……」とか「いやなことというのはね……」というように、具体的な話も入れてくれれば、加点まちがいなしです。

相手の問いかけにていねいに答えることを心がけていると、自然と国語の解答力が上がっていきます。それだけでなく、キミの表現力や言葉のセンスもどんどん磨かれていくはずです。

もし、グルメ番組の食レポで、「おいしいです」しか言わないレポーターを見たらキミはどう思いますか？「それじゃ全然伝わらない。もっと詳《くわ》しく教えてよ！」と思いますよね。それと同じこと。普段から雑な会話をしていると、こんなコメントしかできない大人になってしまうかもしれませんよ。

友達や先生との
会話のときも
同じやで！

50 オキテ

物知りな人との会話をいやがらず楽しもう

なぜなら

ちゃんとした言葉の使い方や語彙《ごい》を学べるからです

物知りな大人と話していると「まるで四面楚歌《しめんそか》だね」とか「噴飯《ふんぱん》ものだよ」とか、難しい言葉を聞くことってありませんか？

こういう大人はいろいろな言葉を知っているし、きっと正しい言葉の使い方をするだろうから、話しているだけでキミの語彙力や表現力がアップするはずです。

ちなみに「四面楚歌」とは、「周囲が敵ばかりで味方がいない状態」のこと。「噴飯もの」とは、「あまりにもばかげていて吹《ふ》き出してしまうほどおかしいこと」です。こういう言葉を知って日常生活で使えるとちょっとカッコいいよね？　ほかにも、歴史に詳《くわ》しい人、科学に詳しい人など、同年代の友達からは得られないような知識を持っている大人がいたらぜひ話しかけていろいろ教えてもらいましょう。

四面楚歌は、中国の古典『史記』に記された事実をもとに生まれた故事成語の1つやで！

51 オキテ 聞く側の身になって伝えよう

なぜなら 情報が足りないと結局聞き返されるからです

もし先生から「明日はテストがあります」とだけ言われたら、キミはどう思いますか？「え？ どこで？ 何時から？ 教科は何？ 範囲《はんい》は？ 情報足りなすぎ！」と思うんじゃないでしょうか。キミも人に何かを伝えるときは、「相手が聞きたいのは何かな？ こういう情報がないと相手は困るだろうな」と相手の身になって考えることを習慣にしましょう。何回も聞き返されるようでは、情報が足りないということです。

大事なことをもれなく話すときに参考にしたいのが「5W1H《ゴダブリュイチエイチ》」。5W1Hとは、Who（だれが）・What（何を）・When（いつ）・Where（どこで）・Why（なぜ）・How（どのように）の頭文字をとったものです。新聞記事なんかも気をつけて読むと、たいてい5W1Hがもれなく書かれています。

何度も聞き返されないよう5W1Hを意識して！

5W《ゴダブリュ》1H《イチエイチ》は情報をもれなく伝えるときだけでなく、情報を整理するときにも役立ちます。

便利だからぜひ覚えておきましょう。

【意識しよう】

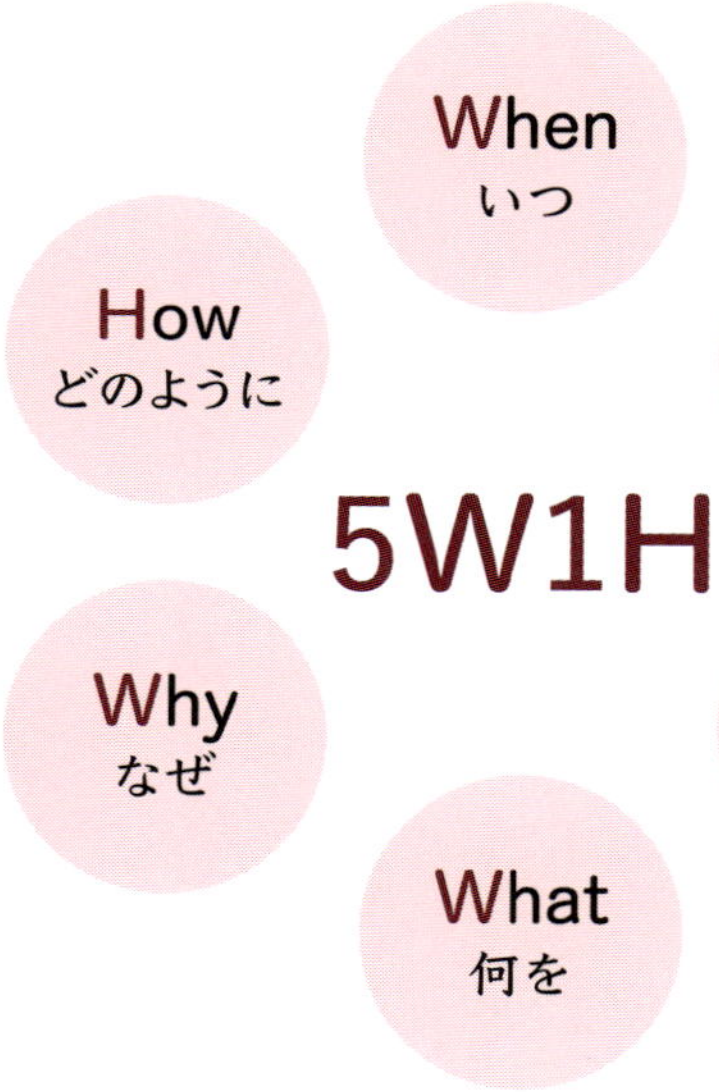

52 オキテ マンガで漢字の力を鍛《きた》えよう

なぜなら

苦労して漢字練習するより効果的だからです

国語力をアップしたい人にぜひおすすめしたいのがマンガです。マンガがなぜいいのでしょうか。理由その1は、マンガは全ての漢字に読み仮名がふってあり、読んでいると自然に漢字を覚えるからです。ボクは9歳《さい》年上の兄がいるので、3歳《さい》くらいのころから兄が当時読んでいた『こち亀《かめ》（こちら葛飾《かつしか》区亀有《かめあり》公園前派出所）』や『聖闘士星矢《セイントセイヤ》』を愛読していました。そのおかげでほぼ全ての漢字や星座は自然と覚えてしまいました。漢字を何回も繰《く》り返し書いて覚える人もいると思うけど、それより断然ラクです。活字が好きなら本を読むのでもいいけれど、残念なことに本には全ての漢字には読み仮名はついていません。その点からも絶対にマンガが漢字を覚えるにはラクなのです。

理由その2は、**マンガを読むことで実際の人生ではできないことを疑**

似体験できたり、知らない職業や知らないスポーツのことを知ることができたりして知識が豊かになるからです。未来のなりたい自分を見つけるのにも役立ちます。マンガを読んで「サッカー選手になりたい」とか「東大に行きたい」など、将来の夢を見つけて実現した人もたくさんいるのではないでしょうか。

勉強に役立つマンガもあります。いくつか紹介《しょうかい》しましょう。

『はたらく細胞《さいぼう》!!』は細胞を擬人化《ぎじんか》したマンガで、楽しみながら赤血球や白血球、免疫《めんえき》細胞など人体のことを学べます。

『源氏物語』をマンガ化した『あさきゆめみし』もおすすめ。原文を読まなくてもマンガで楽しみながら物語の大まかな流れをつかむことができます。源氏物語は高校受験や大学受験にもよく出題されるので、自然と受験対策になるのもグッド!

『Dr.《ドクター》 STONE《ストーン》』は、全人類が石化した世界で、天才高校生が科学の知識を使って文明を復活させていく冒険《ぼうけん》マンガ。科学ってこんなことに役立つんだとわかり、勉強のモチベーションアップにも。

読書が苦手な人にも親しみやすい点もマンガの良さです。

ボクはマンガで漢字も覚えたし語彙《ごい》もすごく増えました。
マンガはりっぱな勉強ツールです!

53 オキテ 「ゲームダメ！」を論破しよう

なぜなら

実はゲームには利点もたくさんあるのです

ゲームのやりすぎが家庭内で問題になることは多いのではないでしょうか。しかし、頭ごなしに否定したり禁止しても、子どもは必ず隠《かく》れてゲームをやるでしょう。であれば、発想を変えてゲームの利点を探してみましょう。

実際、ゲーム（特にRGP＝ロールプレイングゲーム）には学びに役立つ利点がたくさんあるのです。

その1は、**計画力・問題解決能力**が身につくこと。クエスト（冒険の旅）の達成やキャラクターの育成には、時間やアイテムをどう使うかといった計画性や優先順位の判断が求められるし、難易度の高いボス戦や謎《なぞ》解《と》きでは、試行錯誤《しこうさくご》して解決策を見つけなければなりません（正直しんどいし面倒《めんどう》くさくて途中《とちゅう》でやめたくなります）。だからいやでも計画力や問題解決能力が身につくのです。

その2は、**物語を読み込《こ》む力**や**論理的思考力**のアップです。RPGでは複雑な物語を読んで理解し、選択肢《せんたくし》の意味を考えなければいけません（これってまさに国語の問題と同じ！）。そのため、物語を読み込む力や論理的思考力が自然と培《つちか》われるのです。

その3は、数学的思考力が身につくこと。戦いでは、ダメージ計算やリソース（体力や消費ポイント、お金など）管理など、数字に基づいた判断が求められます。キャラクターの能力を組み合わせたり、敵の弱点を分析《ぶんせき》することも必要です。この繰《く》り返しが、**数学的思考力**を高めるのです。

その4は、**忍耐力《にんたい》**が身につくこと。RPGでは何度も失敗を経験しますが、くじけず何度も戦略を立てなおして進むことで、粘《ねば》り強さや失敗を恐《おそ》れず挑戦《ちょうせん》し続ける力が身につくのです（ゲームは楽しい一方で非常に大変なんです！）。

それから、英語版のゲームを使用したり、オンラインゲームで海外の相手と対戦する場合は英語力も身につきます。さらに、「時間を守って、ちゃんと勉強と両立します」と保護者さんと約束してそれが守れるなら、

「**自己管理能力**が身につく」が、ゲームの利点に加わりますね。もしかしたらそれが一番大切かも。

今は、プロゲーマーがあこがれの職業になる時代です。ゲームはダメと決めつけずに、上手な付き合い方を考えましょう。

ゲームで身につく力

- 計画力・問題解決能力
- 物語を読み込む力や論理的思考力
- 数学的思考力
- 英語力
- 自己管理能力

テトリスやぷよぷよなど、いわゆる「落ち物パズル」系のゲームは、空間認識能力や、すばやく状況《じょうきょう》を判断する力、次に何が起こるか先読みして対処する力などが身につくよ！
ピアノを習う理由と同じやね！

54 オキテ

歌を目を閉じて聴《き》いてみよう

なぜなら

情景を思い浮《う》かべる力が身につきます

キミたちには好きな歌がありますか？　あるならその歌を、映像なしで目を閉じて聴いてみてください。歌詞に描《えが》かれた状況《じょうきょう》がありありと浮かんできませんか。いつも動画ばかり見ていると、自分の脳で想像する力が衰《おとろ》えていくように思います。だから時々は、耳だけで歌を味わってください。この練習をしていると、国語の本文を読むときにも、頭の中に文章に描かれた状況が浮かんでくるようになります。すると、文字を目で追っているよりも、ずっと理解がしやすくなります。

ボクのおすすめは、優里《ゆうり》の『レオ』とかback number《バックナンバー》の『水平線』です。よかったら、歌詞を読んでみてください。「なぜこの言葉を選んだのだろう。言葉のセンスがいいな！」「こんな表現の仕方もあるんだ」など、歌詞から学べることもたくさんありますよ。

歌詞をじっくり味わうことで、感受性も豊かになるよ！

55 オキテ 短文、ダメ、ゼッタイ

なぜなら ちゃんと伝えないと誤解のもとになるからです

キミたちは、「昨日アレ見た？」「この間のアレ面白かったよね」「コレやっといて」みたいな、短文のやりとりだけで会話をしていませんか？こういうのを〝雑な会話〟とボクは呼んでいます。

友達や家族のように親しい間がらなら、それだけでも会話は成立するかもしれませんが、それ以外の人が聞いたらさっぱりわかりません。そういう雑な会話ばかりしていると、文章を組み立てる力や、言いたいことをわかりやすく伝える力がなくなってしまうのではと心配です。だから、「短文、ダメ、ゼッタイ！」なのです。

普段《ふだん》の会話も、国語力アップの修行だと思って、**だれが聞いてもわかるようにていねいに話すように心がけましょう。**オキテ51で紹介《しょうかい》した5W1H《ゴダブリュイチエイチ》を意識するとさらにいいですね。

ちゃんと伝えないと、国語力が身につかないだけでなく、キミにも不都合があるかもしれません。この間、ボクの娘《むすめ》が妻に「白い服を買ってきて」と言って妻が買ってきたのが、かわいいイラストのついたフード付きのパーカーでした。すると娘は「えー！　無地のがよかったのに！　フードもきらいやし」と大ブーイング。妻も「だって、白い服としか言わなかったやん！」と応戦。軽いバトルに……。

　キミの周りでもこれに似た話はありませんか？　伝えたいことをもれなく伝えないと、こういうトラブルが起こってしまうのです。

　恥《はじ》かきついでに言うと、この間、ボクの妻に「今日の夕飯何？」と聞くと返ってきた答えは、「トリ肉！」。「それ、食材やん」と思い、ボクはもう1度聞きました。「鶏《とり》肉の何なん？」。すると返事は「焼いたやつ！」。「いやいや、メニューが聞きたいのに！」とボクは不満でしたが、よく考えれば「今日の夕食のメニューは何ですか？」ときちんと聞かなかったボクが悪いのです。そう聞けば「焼き鳥」なり「トリの塩焼き」なり、ボクの知りたい答えが返ってきたでしょう。ね、短文、ダメ、ゼッタイだとわかるでしょ？


「今日何したん？」

「テニス」

「どこで？」

「学校」

「だれと？」

「友達と」

こんなふうに、短文で答えると何回も聞き返されてしまう。最初から5W1H《ゴダブリュイチエイチ》できちんと話そう！

今日（いつ）
私は（だれが）
学校で（どこで）
友達と（だれと）
試合が近いので（なぜ）
気合いを入れて
（どんなふうに）
テニスを（何を）
しました。

56 オキテ だれが聞いても誤解がないように伝えるべし

なぜなら

ちゃんと伝えないとあなたも困るからです

「明日の放課後、いつもの場所で待ち合わせね！」

キミは友達と待ち合わせをするときに、こんな言い方をしていませんか？　これでちゃんと会えると思いますか？

まず疑問なのは、「明日の放課後って何時？」ということ。クラスによって授業が終わる時間が違《ちが》ったりするよね。「いつもの場所」も、本当にちゃんとみんなわかってる？　ある人は学校の西門、ある人は東門と思っていた、みたいな行き違いは非常によくあります。

行き違いが起こるのは、「自分だけわかる言葉」で話をするからです。**人と話をするときは、「だれが聞いてもわかるかな？」ということと考えるくせをつけましょう。**

これは笑い話のたぐいになりますが、ある日お母さんがお父さんに、

「赤ちゃんを見ておいてね」と言って出かけました。お母さんが用事を済ませて帰宅したら、赤ちゃんが大泣きしているのにお父さんは見ているだけ。「なんで見てるの！」とお母さんが怒《おこ》ると、「だって見ていてねと言ったじゃないか」とお父さん。お母さんは、赤ちゃんのおむつを変えたりミルクを飲ませたり、赤ちゃんの〝面倒《めんどう》を見てね〟という意味で「見てね」と言ったのに、お父さんは、文字通り「ただ見てるだけ」と解釈《かいしゃく》したのです。

これは極端《きょくたん》な例ですが、身の回りにこんな行き違《ちが》いは結構あるんです。たとえば「しっかり勉強してね」の「しっかり」って何？「なるべく早くきてね」の「なるべく」ってどのくらい？「たぶん大丈夫《だいじょうぶ》」ってどのくらい大丈夫なん？などなど。これらをだれにもわかるように言い換《か》えるとしたら、「1日1時間以上勉強してね」「10分以内にきてね」「80％くらい大丈夫」とかでしょうか。

社会人でも、そういう〝あいまい〟な言い方をしたせいで行き違いや失敗をしたという例はたくさんあります。今のうちから、わかりやすい言葉で人に伝える練習をしておきましょう。

「これ、配っといて！」
いつまでに？　だれに？　残ったらどうすんの？

「明日中に返事をちょうだい」
明日中って、明日の放課後まで？　明日の夜中の0時まで？

57 オキテ えぐい、やばい、ビミョーは封《ふう》印《いん》すべし

なぜなら

もっとステキな言葉を知ってほしいからです

自分の感情を伝えるときに、「えぐい」「やばい」「ビミョー」などですませている人はいませんか？　百歩譲《ゆず》って、家族や仲間同士の会話ならそれもいいですが、もう少し、ほかの言葉で表現できないかな、もっといい伝え方はないかなと考えてみてはどうでしょう。

なぜなら、**日本語にはすばらしい表現がたくさんある**からです。

「えぐい」ってどんなときに使いますか？　すばらしくてわくわくした、びっくりして胸がどきどきしたり、きゅんとしたときですか？　この、「わくわく」「きゅん」「どきどき」のことを、オノマトペ（擬《ぎ》態《たい》語・擬声語）といいます。「勉強がさくさく進んで気持ちよかった」「みんながニコニコしていて私もうれしくなった」「ふわふわの卵焼きがおいしかった」など、**オノマトペのバリエーションが多いことは日本語の特徴《とくちょう》**

の1つです。今まで「えぐい」「きもい」で終わらせていた感想を、オノマトペを使ってもうちょっと詳《くわ》しく表現してみると楽しいかもしれません。

もっと表現の幅《はば》を広げたいと興味がわいたら、ぜひ好きな歌の歌詞に注目してみてください。「悲しい」「うれしい」「好き」などの感情をどんな言葉で表しているか、作詞者の工夫に気づくはずです。たとえば、オキテ54でも紹介《しょうかい》したようにボクは優里《ゆうり》が大好きなのですが彼の「レオ」という曲の歌詞を読むといつも涙《なみだ》がとまらなくなります（よかったら検《けん》索《さく》して歌詞を探してみてください）。ペットショップで出会った子犬のレオと飼い主の女の子の成長と心の絆《きずな》、そして別れがつづられています。**「悲しい」とか「好き」などの直接的な表現を使わずして、人を感動させるこの表現力**にボクはがつんとやられました（この「がつん」もオノマトペですね）。キミも「この表現いいな、まねしたいな」と思う詩や歌があったらぜひ研究してみてください。表現の幅が広がりますよ。

緊張《きんちょう》して足ががくがくしたり、好きな人とすれ違《ちが》って心臓がばくばくしたり。
こんな表現って日本語にしかないんやで！

58 オキテ 黙《もく》読《どく》、ダメ、ゼッタイ。音読せよ

なぜなら わかったつもりで見落としが多いからです

試験中は黙読するしかありませんが、家で勉強するときは、国語の問題文はなるべく音読しましょう。なぜなら、**黙読だとわかった気になって問題文の大事なところをさらっと読みとばしてしまう**ことが多いからです。母国語あるあるです。その証拠《しょうこ》に、ボクの塾《じゅく》で黙読だけした子と音読をした子に、読んだ内容を説明してもらうと、黙読だけの子はほとんど内容について説明ができませんでした。これでは設問に正しく答えられるはずがありません。作問者は「大事だけどつい読み飛ばしてしまいがち」なところをねらって問題を作るのですから。

また、黙読だと知らない漢字や読めない漢字があっても「読めないけどまあいいか」と読み飛ばしてしまいがちです。音読なら読み方がわからないと先に進めないのでいやでも調べるはずです。調べずに読みとばした人は、テストで漢字について聞かれたときに困ることになるでしょう。

音読をすると、作者の工夫にも気づきやすくなります。たとえば、「これまで『私は』と言ってきたのに急に『私も』に変わっているのはなぜだろう？」とか「この作者は体言止めが多いな」とか「この作者は言いたいことを強調するために倒置《とうち》表現を使っているな」「この比喩《ひゆ》表現はおもしろいな」などなど。

音読の良さはほかにもあります。**読むことで日本語のリズムが自然と身につく**ことです。それは自分が文章を書く上でも役立ちます。

良い文章は心地よいリズムですらすらと読みやすいものです。自分が文章を書くときにも、書いた文章を音読をしてみてすらすら読めるようなら、だいだいうまく書けていると考えていいでしょう。

短歌の5・7・5・7・7なんかは本当にこの心地よいリズムを表していますよね。「心地の良いリズムは、良い文章」と覚えておいてください。

59 オキテ 本がきらいな人こそ本を読もう

なぜなら

きらいなものこそがキミの世界を広げてくれるからです

ボクは国語を教えているくせに読書が好きではありません。長い文章を読むのが苦手なのです。でも、詩は好きです。短くて読みやすいというのもありますが、詩に書かれた言葉からいろいろなことを考えさせられたり自分の心の奥底《おくそこ》にある感情に気づいたり、あるいは単純に、詩の中で使われている言葉の美しさに感動したりするからです。

国語が得意になるためには本をたくさん読みなさいとよく言われますが、ボクのように読書が好きじゃない人はたくさんいると思います。きらいなら無理に読まなくていいとボクは思います。ただ、**読書がきらいでも、文字を読む楽しみは捨てないでください**。せっかく日本に生まれ、日本語という美しい言語を使っているのですから。

長い文章が苦手なら、詩でも絵本でもエッセイでもマンガでもいいです。苦手だからといって逃《に》げずにちょっと手にとってみる、最初の1ページだけでも読んでみる。それで少しでも興味を持てそうだったらあと1ページ読んでみる。そうやって少しずつなじんでいきましょう。今まで自分が知らなかった世界に出会えるかもしれません。

ボクには9歳《さい》年上の兄がいます。兄からはたくさんの影響《えいきょう》を受けましたが、兄に言われた言葉で今も覚えている言葉があります。それは「仲のいい友達とばかりいっしょにいちゃあかんぞ」という言葉です。**仲のいい友達、つまり自分と似た趣味《しゅみ》や価値観の人とばかりつき合っていると視野のせまい人間になるぞ、**ということだったのだと思います。もしキミが、苦手だからと遠ざけているものがあるとしたら、その**遠ざけているものの中にこそ、すばらしいものが隠《かく》れているかもしれません。**ちょっと勇気を出して、きらいなものにもチャレンジしてみてはどうでしょうか。そうすれば今までキミに見えていなかった新しい風景が見えてくるかもしれません。こういう状態のことを「知見が広がる」とか「価値観が広がる」というふうに言うんですね。キミがさらにステキな人間になれるチャンスなんだと思います。

好きなものとだけ関わっているとキミの世界は広がらない。それはとてももったいないことだと思わない？

60 オキテ 「月がきれいですね」の本当の意味を知ろう

なぜなら 言葉の裏に真意が隠れているからです

たとえば、AくんとBさんが夜道をいっしょに歩いていて、AくんはBさんのことを好きだとしましょう。2人が歩く道を月の光が照らしています。そこでAくんがこう言いました。「月がきれいですね」と。このときAくんの本当の気持ちは何だったのでしょうか。単に「月がきれいだ」と言いたいだけだったのでしょうか。もしかしたら、「月もきれいだけどキミのほうがもっときれいだよ＝キミのことが好きだよ」と言いたかったのではないでしょうか。こんなふうに想像力を働かせて、**実際には言われていない本音を推測することを「行間を読む」と言います。**

国語の問題でよく「このときの主人公の気持ちを書きなさい」という設問が出されますが、これはまさに「行間を読んで答えなさい」と言っているのです。このように、人が書いた文章や発した言葉は必ずしも事実をそのまま表しているのではなく、**行間に本音が隠《かく》れていることがよくあります。**

　日ごろから、「これって本当に言いたいことなのかな？　言葉の裏に本音が隠されているのではないかな？」と考えるくせをつけると、行間を読むのが得意になります。すると国語の解答力が上がるのはもちろんですが、キミの人間としての評価も上がるかもしれません。なぜなら、「行間を読む」ことは、気配りとか思いやりに通じることが多いからです。

　たとえば友達がたくさんの荷物を１人で運ぼうとしていたとします。みんなが心配そうにしていると、その子は「１人でできるから大丈夫《だいじょうぶ》」と言いました。このとき「あそう、じゃあがんばってね」と去っていくのは行間を読めない人です。でも、行間を読める人は「強がっているだけで本当は助けてほしいのかも」と察して手伝ってあげるでしょう。どちらが人として好かれるかは明白ですよね。またどちらの対応をしたほうがモテるかもわかりますよね？　実は国語はモテ教科でもあるんです。

行間を読もうとする
人は、感情が豊かで
思いやりがある人かも
しれないね！

61 オキテ いろいろなことに疑問を持とう

なぜなら

なぜだろうと考える習慣がキミを成長させるからです

国語の勉強で最も必要な姿勢（考え方）は、「なんでだろう？」という疑問を持つことです。

世の中のあらゆることには理由があります。しかし「なぜキミはそう思うの？」と質問したときにスッと答えられる生徒は少ないです。それは「なぜか？」。自分で理由を考える習慣を持っている生徒が少ないからです。

普段《ふだん》の生活で、「おや？」と小さな違和感《いわかん》を覚えたら、スルーしないで「なぜ？」と立ち止まりましょう。「なぜ？」と問い続けましょう。

ボクは子どものころ、いつも大人を「なぜ？」「どうして？」と質問攻《ぜ》めにして困らせていました。今でも何にでも疑問を持って、暇《ひま》さえあれば「なんでだろう」と考えています。たとえば、『美しい』という漢字はなぜ『羊』と『大』と書くのだろう。きっと昔の人にとって羊は、食糧《しょくりょう》になったりお乳を出してくれて、毛を刈《か》ったら衣服にもなって、自分たちの生活を豊かにしてくれるありがたい存在だったのではないか。大きければ大きいほど、自分たちを豊かにしてくれるから、大きな羊＝良いこと＝美しい、となったんじゃないだろうか」というふうに。**ネットで調べたらすぐにわかるかもしれませんが、まずは自分でいろいろ想像力を働かせて考えてみる。**その時間がとても楽しいのです。キミたちの身の回りにも疑問に思うことがたくさんあるのでは？　小さなことでもいいので何でも疑問や関心を持って、自分の頭で考えたり調べたりしてください。

大人は、子どもから「なぜ？」と聞かれたら面倒《めんどう》がらずに答えてあげてください。わからないなら「わからないから、いっしょに調べてみようか」と答えればいいのです。**子どもが「なぜなぜ」攻撃《こうげき》をするときは、脳が飛躍的《ひやくてき》に発達しようとしているとき**です。せっかくのチャンスを「うるさい！」とさえぎってしまうのはとてももったいないです（子どもも深く傷つきます）。

自分で疑問を持って考えたり調べたりするのがなぜいいのでしょうか。

自分で考えないと、人に言われたことをするだけの人になってしまうからです。人に言われたことを守ることも大事だけど、自分がこうしたいと思ったことにチャレンジして自分で自分の道を切りひらくことのほうがずっと大切だし、そのほうが人生はずっと楽しいと思います。チャレンジしてうまくいかなくても、それは失敗ではありません。挑戦《ちょうせん》したこと自体がすばらしいし、またチャレンジすればいい。自分があきらめない限り失敗にはならないのです。

自分で考えて選んだ人生のほうが絶対に楽しいはず。
人に言われたことをするだけの人になったらあかんで！
ファイトーー

おわりに

ボクは、「みんなの国語の解答力を上げてほしいと思ってこの本を書きました」と「はじめに」で言いました。が、よくよく考えると、本当の意味はほかにあったのかもしれません。それは、「みんなが自分で考えて、自分で行動できるようになってほしい」ということです。

みなさんは普段《ふだん》の生活の中で「なんで?」と疑問に思うことはありますか?もしあるなら、その気持ちを大切にしてください。

ボクは「なんで?」「なんで?」と大人を質問攻《ぜ》めにする子どもでした。面倒《めんどう》くさいヤツだったんです。いやがられることもありました。でも、いろいろなことに疑問を持ってきたからこそ、自分で考える力がついたと思っています。だから、キミたちもいろいろなことに疑問を持って、自分で考えて、わからなかったら人に聞いてみてください。いやがる人もいるかもしれませんが、喜んで答えてくれる人もきっといます。

保護者のみなさんにお願いしたいのは、ぜひお子さんの「なんで?」攻撃《こうげき》につきあってあげてください、ということ。ボクにも2人の子どもがいますが、「子どもの『なんで?』にとことんつき合おう」と決めていました。そうすれば子どもは考えることを楽しめるようになると思ったからです。でも、一番楽しんでいたのはボクかもしれません。子どもの「なんで?」のおかげで地球のこと、宇宙のこと、身近な不思議、生きる意味……、いろいろなことについて深く考えたり調べたりできたからです。

世の中には、生まれたときからずっと戦争をしている国に住んでいる人たちもいます。私たちが今、日本という平和な国に生まれ生きていることは、実はとてもすばらしいことなのです。だからこそ、小さな世界に閉じこもらないで人生を存分に楽しんでほしい。そのためには、人に言われたことをやるのではなくて、自分で考えて自分で行動できる人になってほしい。それがボクの心からのお願いです。

最後になりましたが、本書を執筆《しっぴつ》するにあたってたくさんの方々のサポートや励《はげ》ましをいただきました。この場を借りてお礼を言いたいと思います。

田中力磨

【監修者】田中 力磨（たなか りきま）

1981年生まれ、滋賀県彦根市出身。総合学習教室「ブリッジ」塾長。地域の子どもたちが「自ら学び、自ら未来を切り拓く力」を育む「令和の松下村塾」を目指す。生徒一人ひとりの個性を尊重し、自発的な学びを促す指導を行っている。「指導し過ぎないことで生徒の成長を止めない」を信条とし、結果として灘中、神戸女学院などの最難関中や国公立医学部、旧帝大などの難関大に合格者を出す。一学年100人に満たないこの地域で、「ブリッジ」は今や100人以上の生徒が通う、地域の教育のなくてはならないインフラとなる。またZoomを活用したオンライン自習室を日本で初めて導入。2015年からZoomによる自習室を自塾で開き、未来型教育の先駆者としてそのノウハウを他塾にも提供。これらの活動が評価され2017年に『Zoomオンライン革命』（田原真人著／秀和システム刊）に寄稿。コロナ禍にも子どもたちが安心して勉強ができる環境を提供した。

■ 編集・制作：有限会社イー・プランニング
■ 編集協力：石井栄子
■ DTP・デザイン：大野佳恵

10歳から伸ばす国語「解答力」
答えを導き出し正しく伝えるコツがわかる本

2025年3月25日　第1版・第1刷発行
2025年5月20日　第1版・第2刷発行

監修者　田中 力磨（たなか　りきま）
発行者　株式会社メイツユニバーサルコンテンツ
　　　　代表者　大羽 孝志
　　　　〒102-0093　東京都千代田区平河町一丁目1-8
印　刷　シナノ印刷株式会社

◎『メイツ出版』は当社の商標です。

ご意見・ご感想はホームページから承っております
ウェブサイト　https://www.mates-publishing.co.jp/

企画担当者：折居かおる